心一堂術數古籍珍本叢刊

書名：哲理電氣命數學—子平部
系列：心一堂術數古籍珍本叢刊　星命類　第二輯　141
作者：【民國】彭仕勛
主編、責任編輯：陳劍聰
心一堂術數古籍珍本叢刊編校小組：陳劍聰　素聞　鄒偉才　虛白盧主

出版：心一堂有限公司
通訊地址：香港九龍旺角彌敦道六一〇號荷李活商業中心十八樓〇五—〇六室
深港讀者服務中心：中國深圳市羅湖區立新路六號羅湖商業大廈負一層〇〇八室
電話號碼：(852)67150840
網址：publish.sunyata.cc
電郵：sunyatabook@gmail.com
網店：http://book.sunyata.cc
淘寶店地址：https://shop210782774.taobao.com
微店地址：https://weidian.com/s/1212826297
臉書：https://www.facebook.com/sunyatabook
讀者論壇：http://bbs.sunyata.cc/

版次：二零一八年四月初版
平裝

定價：港幣　一百六十八元正
新台幣　六百五十元正

國際書號：ISBN 978-988-8316-95-3

香港發行：香港聯合書刊物流有限公司
地址：香港新界大埔汀麗路36號中華商務印刷大廈3樓
電話號碼：(852)2150-2100
傳真號碼：(852)2407-3062
電郵：info@suplogistics.com.hk

台灣發行：秀威資訊科技股份有限公司
地址：台灣台北市內湖區瑞光路七十六巷六十五號一樓
電話號碼：+886-2-2796-3638
傳真號碼：+886-2-2796-1377
網絡書店：www.bodbooks.com.tw
台灣國家書店讀者服務中心：
地址：台灣台北市中山區松江路二〇九號一樓
電話號碼：+886-2-2518-0207
傳真號碼：+886-2-2518-0778
網絡書店：http://www.govbooks.com.tw

中國大陸發行　零售：深圳心一堂文化傳播有限公司
深圳地址：深圳市羅湖區立新路六號羅湖商業大廈負一層〇〇八室
電話號碼：(86)0755-82224934

心一堂微店二維碼

心一堂淘寶店二維碼

心一堂術數古籍 珍本 整理 叢刊 總序

術數定義

術數，大概可謂以「推算（推演）、預測人（個人、群體、國家等）、事、物、自然現象、時間、空間方位等規律及氣數，並或通過種種『方術』，從而達致趨吉避凶或某種特定目的」之知識體系和方法。

術數類別

我國術數的內容類別，歷代不盡相同，例如《漢書·藝文志》中載，漢代術數有六類：天文、曆譜、五行、蓍龜、雜占、形法。至清代《四庫全書》，術數類則有：數學、占候、相宅相墓、占卜、命書、相書、陰陽五行、雜技術等，其他如《後漢書·方術部》、《藝文類聚·方術部》、《太平御覽·方術部》等，對於術數的分類，皆有差異。古代多把天文、曆譜、及部分數學均歸入術數類，而民間流行亦視傳統醫學作為術數的一環；此外，有些術數與宗教中的方術亦往往難以分開。現代民間則常將各種術數歸納為五大類別：命、卜、相、醫、山，通稱「五術」。

本叢刊在《四庫全書》的分類基礎上，將術數分為九大類別：占筮、星命、相術、堪輿、選擇、三式、讖諱、理數（陰陽五行）、雜術（其他）。而未收天文、曆譜、算術、宗教方術、醫學。

術數思想與發展——從術到學，乃至合道

我國術數是由上古的占星、卜筮、形法等術發展下來的。其中卜筮之術，是歷經夏商周三代而通過「龜卜、蓍筮」得出卜（筮）辭的一種預測（吉凶成敗）術，之後歸納並結集成書，此即現傳之《易

經》。經過春秋戰國至秦漢之際，受到當時諸子百家的影響、儒家的推崇，遂有《易傳》等的出現，原本是卜筮術書的《易經》，被提升及解讀成有包涵「天地之道（理）」之學。因此，《易・繫辭傳》曰：「易與天地準，故能彌綸天地之道。」

漢代以後，易學中的陰陽學說，與五行、九宮、干支、氣運、災變、律曆、卦氣、讖緯、天人感應說等相結合，形成易學中象數系統。而其他原與《易經》本來沒有關係的術數，如占星、形法、選擇，亦漸漸以易理（象數學說）為依歸。《四庫全書・易類小序》云：「術數之興，多在秦漢以後。要其旨，不出乎陰陽五行，生尅制化。實皆《易》之支派，傳以雜說耳。」至此，術數可謂已由「術」發展成「學」。

及至宋代，術數理論與理學中的河圖洛書、太極圖、邵雍先天之學及皇極經世等學說給合，通過術數以演繹理學中「天地中有一太極，萬物中各有一太極」（《朱子語類》）的思想。術數理論不單已發展至十分成熟，而且也從其學理中衍生一些新的方法或理論，如《梅花易數》、《河洛理數》等。

在傳統上，術數功能往往不止於僅僅作為趨吉避凶的方術，及「能彌綸天地之道」的學問，亦有其「修心養性」的功能，「與道合一」（修道）的內涵。《素問・上古天真論》：「上古之人，其知道者，法於陰陽，和於術數。」數之意義，不單是外在的算數、歷數、氣數，而是與理學中同等的「道」、「理」--心性的功能，北宋理氣家邵雍對此多有發揮：「聖人之心，是亦數也」、「萬化萬事生乎心」、「心為太極」。《觀物外篇》：「先天之學，心法也。……蓋天地萬物之理，盡在其中矣，心一而不分，則能應萬物。」反過來說，宋代的術數理論，受到當時理學、佛道及宋易影響，認為心性本質上是等同天地之太極。天地萬物氣數規律，能通過內觀自心而有所感知，即是內心也已具備有術數的推演及預測、感知能力；相傳是邵雍所創之《梅花易數》，便是在這樣的背景下誕生。

《易・文言傳》已有「積善之家，必有餘慶；積不善之家，必有餘殃」之說，至漢代流行的災變說及讖緯說，我國數千年來都認為天災，異常天象（自然現象），皆與一國或一地的施政者失德有關；下至家族、個人之盛衰，也都與一族一人之德行修養有關。因此，我國術數中除了吉凶盛衰理數之外，人心的德行修養，也是趨吉避凶的一個關鍵因素。

術數與宗教、修道

在這種思想之下，我國術數不單只是附屬於巫術或宗教行為的方術，又往往是一種宗教的修煉手段——通過術數，以知陰陽，乃至合陰陽（道）。「其知道者，法於陰陽，和於術數。」例如，「奇門遁甲」術中，即分為「術奇門」與「法奇門」兩大類。「法奇門」中有大量道教中符籙、手印、存想、內煉的內容，是道教內丹外法的一種重要外法修煉體系。甚至在雷法一系的修煉上，亦大量應用了術數內容。此外，相術、堪輿術中也有修煉望氣（氣的形狀、顏色）的方法；堪輿家除了選擇陰陽宅之吉凶外，也有道教中選擇適合修道環境（法、財、侶、地中的地）的方法，以至通過堪輿術觀察天地山川陰陽之氣，亦成為領悟陰陽金丹大道的一途。

易學體系以外的術數與的少數民族的術數

我國術數中，也有不用或不全用易理作為其理論依據的，如揚雄的《太玄》、司馬光的《潛虛》。也有一些占卜法、雜術不屬於《易經》系統，不過對後世影響較少而已。

外來宗教及少數民族中也有不少雖受漢文化影響（如陰陽、五行、二十八宿等學說。）但仍自成系統的術數，如古代的西夏、突厥、吐魯番等占卜及星占術，藏族中有多種藏傳佛教占卜術、苯教占卜術、擇吉術、推命術、相術等；北方少數民族有薩滿教占卜術；不少少數民族如水族、白族、布朗族、佤族、彝族、苗族等，皆有占雞（卦）草卜、雞蛋卜等術，納西族的占星術、占卜術，彝族畢摩的推命術、占卜術……等等，都是屬於《易經》體系以外的術數。相對上，外國傳入的術數以及其理論，對我國術數影響更大。

曆法、推步術與外來術數的影響

我國的術數與曆法的關係非常緊密。早期的術數中，很多是利用星宿或星宿組合的位置（如某星在某州或某宮某度）付予某種吉凶意義，并據之以推演，例如歲星（木星）、月將（某月太陽所躔之宮次）等。不過，由於不同的古代曆法推步的誤差及歲差的問題，若干年後，其術數所用之星辰的位置，已與真實星辰的位置不一樣了；此如歲星（木星），早期的曆法及術數以十二年為一周期（以應地支），與木星真實周期十一點八六年，每幾十年便錯一宮。後來術家又設一「太歲」的假想星體來解決，是歲星運行的相反，週期亦剛好是十二年。而術數中的神煞，很多即是根據太歲的位置而定。又如六壬術中的「月將」，原是立春節氣後太陽躔娵訾之次而稱作「登明亥將」，至宋代，因歲差的關係，要到雨水節氣後太陽才躔娵訾之次，當時沈括提出了修正，但明清時六壬術中「月將」仍然沿用宋代沈括修正的起法沒有再修正。

由於以真實星象周期的推步術是非常繁複，而且古代星象推步術本身亦有不少誤差，大多數術數除依曆書保留了太陽（節氣）、太陰（月相）的簡單宮次計算外，漸漸形成根據干支、日月等的各自起例，以起出其他具有不同含義的眾多假想星象及神煞系統。唐宋以後，我國絕大部分術數都主要沿用這一系統，也出現了不少完全脫離真實星象的術數，如《子平術》、《紫微斗數》、《鐵版神數》等。後來就連一些利用真實星辰位置的術數，如《七政四餘術》及選擇法中的《天星選擇》，也已與假想星象及神煞混合而使用了。

隨着古代外國曆（推步）、術數的傳入，如唐代傳入的印度曆法及術數，元代傳入的回回曆等，其中我國占星術便吸收了印度占星術中羅睺星、計都星等而形成四餘星，又通過阿拉伯占星術而吸收了其中來自希臘、巴比倫占星術的黃道十二宮、四大（四元素）學說（地、水、火、風），並與我國傳統的二十八宿、五行說、神煞系統並存而形成《七政四餘術》。此外，一些術數中的北斗星名，不用我國傳統的星名：天樞、天璇、天璣、天權、玉衡、開陽、搖光，而是使用來自印度梵文所譯的：貪狼、巨門、祿存、文曲，廉貞、武曲、破軍等，此明顯是受到唐代從印度傳入的曆法及占星術所影響。如星命術中的《紫微斗數》及堪輿術中的《撼龍經》等文獻中，其星皆用印度譯名。及至清初《時憲曆》，置閏之法則改用西法「定氣」。清代以後的術數，又作過不少的調整。

此外，我國相術中的面相術、手相術，唐宋之際受印度相術影響頗大，至民國初年，又通過翻譯歐西、日本的相術書籍而大量吸收歐西相術的內容，形成了現代我國坊間流行的新式相術。

陰陽學——術數在古代、官方管理及外國的影響

術數在古代社會中一直扮演着一個非常重要的角色，影響層面不單只是某一階層、某一職業、某一年齡的人，而是上自帝王，下至普通百姓，從出生到死亡，不論是生活上的小事如洗髮、出行等，大事如建房、入伙、出兵等，從個人、家族以至國家，從天文、氣象、地理到人事、軍事，從民俗、學術到宗教，都離不開術數的應用。我國最晚在唐代開始，已把以上術數之學，稱作陰陽（學），行術數者稱陰陽人。（敦煌文書、斯四三二七唐《師師漫語話》：「以下說陰陽人謾語話」，此說法後來傳入日本，今日本人稱行術數者為「陰陽師」）。一直到了清末，欽天監中負責陰陽術數的官員中，以及民間術數之士，仍名陰陽生。

古代政府的中欽天監（司天監），除了負責天文、曆法、輿地之外，亦精通其他如星占、選擇、堪輿等術數，除在皇室人員及朝庭中應用外，也定期頒行日書、修定術數，使民間對於天文、日曆用事吉凶及使用其他術數時，有所依從。

我國古代政府對官方及民間陰陽學及陰陽官員，從其內容、人員的選拔、培訓、認證、考核、律法監管等，都有制度。至明清兩代，其制度更為完善、嚴格。

宋代官學之中，課程中已有陰陽學及其考試的內容。（宋徽宗崇寧三年〔一一零四年〕崇寧算學令：「諸學生習……並曆算、三式、天文書。」「諸試……三式即射覆及預占三日陰陽風雨。天文即預

定一月或一季分野災祥，並以依經備草合問為通。」

金代司天臺，從民間「草澤人」（即民間習術數人士）考試選拔：「其試之制，以《宣明曆》試推步，及《婚書》、《地理新書》試合婚、安葬，並《易》筮法，六壬課、三命、五星之術。」（《金史》卷五十一・志第三十二・選舉一）

元代為進一步加強官方陰陽學對民間的影響、管理、控制及培育，除沿襲宋代、金代在司天監掌管陰陽學及中央的官學陰陽學課程之外，更在地方上增設陰陽學課程（《元史・選舉志一》：「世祖至元二十八年夏六月始置諸路陰陽學。」）地方上也設陰陽學教授員，培育及管轄地方陰陽人。（《元史・選舉志一》：「（元仁宗）延祐初，令陰陽人依儒醫例，於路、府、州設教授員，凡陰陽人皆管轄之，而上屬於太史焉。」）自此，民間的陰陽術士（陰陽人），被納入官方的管轄之下。

至明清兩代，陰陽學制度更為完善。中央欽天監掌管陰陽學，明代地方縣設陰陽學正術，各州設陰陽學典術，各縣設陰陽學訓術。陰陽人從地方陰陽學肄業或被選拔出來後，再送到欽天監考試。（《大明會典》卷二二三：「凡天下府州縣舉到陰陽人堪任正術等官者，俱從吏部送（欽天監），考中，送回選用；不中者發回原籍為民，原保官吏治罪。」）清代大致沿用明制，凡陰陽術數之流，悉歸中央欽天監及地方陰陽官員管理、培訓、認證。至今尚有「紹興府陰陽印」、「東光縣陰陽學記」等明代銅印，及某某縣某某之清代陰陽執照等傳世。

清代欽天監漏刻科對官員要求甚為嚴格。《大清會典》「國子監」規定：「凡算學之教，設肄業生。滿洲十有二人，蒙古、漢軍各六人，於各旗官學內考取。漢十有二人，於舉人、貢監生童內考取。附學生二十四人，由欽天監選送。教以天文演算法諸書，五年學業有成，舉人引見以欽天監博士用，貢監生童以天文生補用。」學生在官學肄業、貢監生肄業或考得舉人後，經過了五年對天文、算法、陰陽學的學習，其中精通陰陽術數者，會送往漏刻科。而在欽天監供職的官員，《大清會典則例》「欽天監」規定：「本監官生三年考核一次，術業精通者，保題升用。不及者，停其升轉，再加學習。如能黽勉供職，即予開復。仍不及者，降職一等，再令學習三年，能習熟者，准予開復，仍不能者，黜退。」除定期考核以定其升用降職外，《大清律例》中對陰陽術士不準確的推斷（妄言禍福）是要治罪的。《大清律例·一七八·術七·妄言禍福》：「凡陰陽術士，不許於大小文武官員之家妄言禍福，違者杖一百。其依經推算星命卜課，不在禁限。」大小文武官員延請的陰陽術士，自然是以欽天監漏刻科官員或地方陰陽官員為主。

官方陰陽學制度也影響鄰國如朝鮮、日本、越南等地，一直到了民國時期，鄰國仍然沿用着我國的多種術數。而我國的漢族術數，在古代甚至影響遍及西夏、突厥、吐蕃、阿拉伯、印度、東南亞諸國。

術數研究

術數在我國古代社會雖然影響深遠，「是傳統中國理念中的一門科學，從傳統的陰陽、五行、九宮、八卦、河圖、洛書等觀念作大自然的研究。……傳統中國的天文學、數學、煉丹術等，要到上世紀中葉始受世界學者肯定。可是，術數還未受到應得的注意。術數在傳統中國科技史、思想史，文化史、社會史，甚至軍事史都有一定的影響。……更進一步了解術數，我們將更能了解中國歷史的全貌。」（何丙郁《術數、天文與醫學中國科技史的新視野》，香港城市大學中國文化中心。）

可是術數至今一直不受正統學界所重視，加上術家藏秘自珍，又揚言天機不可洩漏，「（術數）乃吾國科學與哲學融貫而成一種學說，數千年來傳衍嬗變，或隱或現，全賴一二有心人為之繼續維繫，賴以不絕，其中確有學術上研究之價值，非徒癡人說夢，荒誕不經之謂也。其所以至今不能在科學中成立一種地位者，實有數因。蓋古代士大夫階級目醫卜星相為九流之學，多恥道之；而發明諸大師又故為惝恍迷離之辭，以待後人探索；間有一二賢者有所發明，亦秘莫如深，既恐洩天地之秘，復恐譏為旁門左道，始終不肯公開研究，成立一有系統說明之書籍，貽之後世。故居今日而欲研究此種學術，實一極困難之事。」（民國徐樂吾《子平真詮評註》，方重審序）

現存的術數古籍，除極少數是唐、宋、元的版本外，絕大多數是明、清兩代的版本。其內容也主要是明、清兩代流行的術數，唐宋或以前的術數及其書籍，大部分均已失傳，只能從史料記載、出土文獻、敦煌遺書中稍窺一鱗半爪。

術數版本

坊間術數古籍版本，大多是晚清書坊之翻刻本及民國書賈之重排本，其中豕亥魚魯，或任意增刪，往往文意全非，以至不能卒讀。現今不論是術數愛好者，還是民俗、史學、社會、文化、版本等學術研究者，要想得一常見術數書籍的善本、原版，已經非常困難，更遑論如稿本、鈔本、孤本等珍稀版本。在文獻不足及缺乏善本的情況下，要想對術數的源流、理法、及其影響，作全面深入的研究，幾不可能。

有見及此，本叢刊編校小組經多年努力及多方協助，在海內外搜羅了二十世紀六十年代以前漢文為主的術數類善本、珍本、鈔本、孤本、稿本、批校本等數百種，精選出其中最佳版本，分別輯入兩個系列：

一、心一堂術數古籍珍本叢刊

二、心一堂術數古籍整理叢刊

前者以最新數碼（數位）技術清理、修復珍本原本的版面，更正明顯的錯訛，部分善本更以原色彩色精印，務求更勝原本。并以每百多種珍本、一百二十冊為一輯，分輯出版，以饗讀者。

後者延請、稿約有關專家、學者，以善本、珍本等作底本，參以其他版本，古籍進行審定、校勘、注釋，務求打造一最善版本，方便現代人閱讀、理解、研究等之用。

限於編校小組的水平，版本選擇及考證、文字修正、提要內容等方面，恐有疏漏及舛誤之處，懇請方家不吝指正。

心一堂術數古籍 珍本 整理 叢刊編校小組
二零零九年七月序
二零一四年九月第三次修訂

自序

命數之學以示人吉凶使知趨避造福人類爲宗旨古人立法流傳後世其用心至苦而至公惟高明者藉以逞才漏泄天道下愚者假此漁利欺詐平民於是高人正士遂以讖緯數術輕之異端末技斥之抑知命數窮通雖聖賢鬼神莫能易孔曰居易俟命孟曰修身立命蓋深知命理之關係甚大也然人類既生以後命定已難挽回未生以前造命乃有根據故君相造命聖人儆命君子安命小人逆命儆命者雖以學問道德行之然孔子絕糧顏回夭壽補救已屬難能而下此無論已可見人生斯世論境遇則當安命論培植則當造命論成敗則當知命倘不知福力之厚薄氣魄之大小動欲希圖非分未有不遭橫逆者也但知命之學古今不少專書自唐袁守成作五星指南始其後如呂才之合婚書一行之星歷書五代之轆轤書前宋之殿駕書南宋遼金之喬拗書元室裴大猷之琴堂虛實書大抵以人之生年納音所屬身命之限度爲主七曜四餘爲用各有精義難以言窮至明朝徐均作子平書乃

以日干爲主。月令爲用神。歲時爲輔佐。推命之法。至此畧備。前淸以還。又有神峯通考。三命通會諸書。發明至理。然皆以河圖洛書爲根本。其文字不免瑣煩。抑知人生受氣。均由日中之陰陽電氣而來。而圖書均屬僞造。神將亦多荒唐。今皆删而只留其精要。惟查子平之用支干。乃屬電氣之變化。支干之分四柱。能判受氣之重輕。故就其五行。立爲四柱。以日爲身主。月爲巢穴。歲時爲門戶。蓋欲秤其分量。以取用神。並欲考年月日時之四氣。平與不平。而歸于中平之義也。故名曰子平。例如木旺於春。而甲乙命人春生。則木命太旺。而不平。必需金克以成材。火洩以發秀。其金火即爲用神。如柱運有金火。則彫琢成器。即知此命之顯榮。無金火則叢林未闢。即知此人之愚賤。此太過者宜抑歸平正。而以金火用神爲重。如單取木命。爲曲直仁壽諸格則淺。又如火衰於冬。而丙丁命人冬生。則火命太弱。而不平。必需木生以發光。火扶以助焰。其木火即爲用神。如柱運有木火。則斷此人發達。無木火則斷此人衰微。此不及者宜扶歸平和。而以木火用神爲重。如單取火命。爲火土傷官諸格則泥。此子平所以重用神。而不重格局。且因時因命以取用神。而不專以月建爲用神也。但造化有偏勝。稟賦乃有專長。過不及者皆一偏之病也。救其病則謂之藥。有病有藥者吉。有病無藥者凶。無病無藥者庸。而藥病之來源。仍不外受電氣之清濁衰旺。推算家查其清在何處。濁在何宮。旺有若干。衰有幾何。或可以使歸平正。或難以就平直。得其用神所在。如得驪珠。不但個人之成敗可知。即六親之休咎亦見矣。然本此世以救世則可。專此術以自私則末矣。此序。

子平例言五則

一子平命元。以日干爲主。係出歷代學者。研究經驗而得。頗有實效。與他書以年月爲本命者不同。

一子平推算。當以正五行爲主。無論何種格局。何等變化。而正五行之生性。總難滅沒。他書兼用納音納甲。及龍虎從化等。皆失眞性而多不驗。

一子平論命有四要。一以日主衰旺。看氣魄之强弱。二以四柱生克。看福澤之大小。三以大運吉凶。看際遇之亨迍。四以命中刑冲生合。看根基之厚薄。此外胎元坐度。大小限等。皆以四者爲轉移。四者强而凡事皆吉。四者弱而諸事成凶。但子平之法。盡其術亦只可推算六七成。故當多列他法以補之。

一子平以年月日時立法。取其簡單明燎。便於普通應用。故吉凶易明。然因其簡單。即不免缺漏。若以六壬奇門法証之。除年月各有公位神將外。而日干成二課。日支成二課。又從四課變出三傳。從三傳變出四貴九遁。較子平多十餘法門。

故推算較爲精確。

一人命受五行之宅氣以生。各有衰旺生死之地。已於五天五氣中言之。如誤入本命衰死之坐宅方道。則宅氣以沖突而生凶。反此則吉。如此等類。皆爲子平所略。已編入六出奇門中。茲不贅。

哲電命數學第二册子平部目錄

第一章　起年月日時四柱法

年月日時之關係最大以大者言則以年爲天子月爲諸候日爲縣令時爲庶民以小者言則以年爲祖宗月爲父母兄弟日干爲本身日支爲妻妾時上爲子孫爲歸結以一生言則年爲根月爲苗日爲花時爲果故苗無根不生果無花不結花又無果不成某處有生比刑沖即知某處之吉凶榮辱故月從年起時從月起雖是四柱只以年日爲根本今分列後

詩曰甲己之年丙寅首乙庚之歲戊寅頭丙辛再向庚寅起丁壬壬寅順行流試問戊癸從何起甲寅之上好追求　此即年上起月法如今年甲子三月生人即用甲己之年起丙寅爲正月丁卯爲二月戊辰爲三月也餘照推

又曰甲己還加甲乙庚丙作初丙辛從戊起丁壬庚子居戊癸從何起壬子是直途

此即日上起時法如今日乙卯辰時生人即用乙庚丙作初起丙子丁丑戊寅己卯庚辰既爲辰時生人即得庚辰辰時也合前年月即成四柱爲甲子戊辰乙卯庚

辰但年上起月名爲五虎遁從寅月起日上起時名五鼠遁從子時起此其別也
實則二而一也

第一節 年月關係

年上財官祖宗顯月家官殺兄弟零年看祖宗興廢事月推父母定留存月見官殺無冲絕父母雙全忌弟兄 年爲祖宗宮如臨財官坐祿馬主祖宗榮顯祖業富厚若坐比肩刦財刑破空亡各殺則主祖宗零落月爲父母弟兄宮亦同然年月二宮亦當合看若歲月無財官俱主根基淺薄白手成家若月上見官殺無冲絕則父母雙美反此得蔭不久惟月上見兄弟則主刦財

月令官殺若司權手足損傷爭鬥言日月通氣比肩旺鴻雁成羣當細談命主比刦皆旺祖因財爭鬥少慈恩 比肩爲兄弟月建爲門戶月上見官殺爲兄弟宮受克故主損兄弟或弟兄不和若日月通氣比肩又旺主鴻雁成羣但日主根多比肩太旺反主參商因弟兄刦財日主旺則爭財而無恩讓也故當細推

偏財爲父正印母。剋重父傷財母亡。官殺爲子忌傷食克日太過子亦傷。歲月若無財官見。根基淺薄白手強　經曰偏財爲父比劫重。重損父親正印爲母財星旺處損母身。官殺爲子。傷食多則子損。然官殺太重克制日主。則自救不暇安能生子。又須傷食制官殺。乃生子。凡男女皆然但歲月無財官。又主根基淺薄。白手成家

月逢七殺傷弟兄。乙木忌辛申忌庚身旺逢殺反爲美。殺如有制威亦增。　月爲兄弟姊妹如月逢七殺上手足不和。或無靠或損傷。但殺宜有制乃佳如袁世凱之造乙未年。癸酉月。丁巳日。丁未時月上癸殺透出年上已土制之故殺得中和。不至亂用然於手足多不和此其例也。

第二節　男命日時關係即男命看法

男命先看日盛衰。次從財官強弱排。日旺財官。又得地。子孫賢孝福祿諧。日衰財官又敗絕。貧窮到老子息乖。日旺財官遇衰絕。運行財官福即來。日弱財官反旺相。運行身旺即任財。　凡看男命重財官。官爲子息財妻言。印綬雙親比兄弟。生死衰旺

仔細看財死傷妻官死子印死主父比兄弟凡遇刑沖空墓絕皆與死字一同例

財旺官弱終必貴官旺財絕貴不終財星入庫喜沖破官空遇沖暫時雄官若有沖還有合頭角崢嶸吉化凶日時官星得祿旺定生賢嗣出羣才時上官星若無氣有子不賢亦寃哉日時傷官見羊刃子夏晚年徒喪明財官空亡或死墓妻子中途亦難成　日干爲命支爲妻年爲本命祖根基年命生合多祖業若逢克戰祖業稀支上財星又得令賢女助內益財齊　日干爲命主日支爲妻宮年上爲祖業根本若日時與年上干支生合或有財官貴氣主祖業豐厚根基穩固若與年上刑沖破害則爲本主不合主祖業無靠白手成家

干支相同損妻財年時財官可救災不見財官月令旺貧窮已極禍復來　如甲寅乙卯庚申日等皆是干支相同因日支爲妻財被比肩所刦故損妻財若年時見財官克助可減輕若年時不見財官又無格局主極貧

男女子息分等差女看傷食男官殺再看時辰何分野生旺榮枯仔細查假如庚日

生午時午爲丁祿子亦隹若生戌亥子墓絕孤獨貧賤子嗣嗟　如庚日午時男以丁官爲子丁祿在午當生貴子如生戌亥子時爲丁火墓絕則生孤獨貧賤子或僧道螟蛉子再查在長生冠帶帝旺宮則子多賢而富貴在衰病死墓絕或胞胎刑冲地則反此

第三節　女命日時關係（即女命看法）

女命以官爲夫星傷食爲子女印綬親比肩兄弟與姐妹俱宜生旺忌死刑官死刑夫傷食子印死親亡比弟兄財旺生官夫乃旺夫榮始得貴子生　女命遇官臨死絕或刑冲破害空墓等則主刑夫見傷食印綬比刦皆照推惟財旺生官乃主夫榮有夫乃有子也

子死夫亡貧賤命夫榮子秀富貴人有子有夫本貧賤身居衰地或冲刑無子無夫轉昌盛身居旺地福德親女命傷官福不眞無財無印受孤貧局中若見傷官透必作堂前使喚人食神太多爲尼妓貴人專一必昌榮

傷官太旺若無財。一對鴛鴦兩折開。干頭戊己土重見。心內玲瓏發展乖。柱中梟食並傷官。子死夫亡是兩端。財食官印女命喜。梟食官印女命嫌。女命傷官格內嫌。帶才帶印福方堅。傷官旺處傷夫主。破了傷官損壽元

梟食傷官若見財。決然有子不須猜。支內財官印綬眾。非淫即賤損兒孩。癸日生人用戊官。少年嫁與白頭歡。若還酉亥支中見。夜郎飲酒到夜間　有夫帶合須要正。有合無夫是偏房。官殺重犯成下格。傷官重合更不祥。干支暗合貴人多。畫眉咬指笑呵呵。支內暗藏官帶合。偏房得寵兩情多。金水傷官柱內逢。其人如玉更玲瓏。有財帶印隨夫貴。淑善幽閒主饋中。

凡爲女命喜身弱。正氣官星要得祿。有財無殺混官星。定配賢良富貴族。無官便要看財星。財旺生官富貴眞。食神財祿俱旺相。子貴夫榮理最明。食神祿旺官財弱。子貴夫愚無所託。財官敗絕食神衰。夫子兩般皆肅碌。財官得祿食神強。子貴夫榮受封章。官梟損夫食梟子。食多父母必早亡。日時辰戌兩相沖。既作偏房又守空。雖然

有子雖爲貴百歲光陰不善終。子午卯酉號桃花。官帶桃花福祿誇。殺帶桃花貧且賤。爲娼爲妓走天涯。

擇婦沉靜要純和。察理詳明不用多。選此崖泉如鏡賦。千秋看法永不磨。木火逢蛇多無婿。辛亥坐財能生夫。戊申坐庚克夫婿。甲寅夫絕主孀居。　乙巳日主巳中有庚夫。巳爲金長生。又克庚金。若再刑沖等則損夫。否則旺夫。丁巳日主。巳中有庚財。財能生夫。若無刑害等亦吉。須細推之。辛亥日。亥中甲木爲正財生丙丁夫星。戊申日申中庚金克甲乙夫星。皆吉。惟甲寅日。甲以金爲夫。金絕於寅。故主居孀。

傷食過多損精神。多主無兒喜印星。印來制食精神歛。食少印多又生嗔。財官旺而日主弱。夫家興而母家滅。財官弱兮日主強。母家雖旺夫埋沒。　女命固以傷食爲子。然傷食多則泄氣。又難生子。或生而難養。必借印星制食乃成。然食少印多。又嫌印損傷食。亦不生子。總以得中和爲貴。

第二章　起大小運法

四柱定後而行運又有大小之分。大運從本月建後起司十年休咎。小運從本時後起司一年吉凶。皆以陽男陰女順行。陰男陽女逆行。扣算日時多少即知何時起運。其法以三日爲一歲算之。因每日爲十二時。三日合三十六時以象一年之三百六十日。故行運以三日爲一歲。一日十二時爲四個月照推。然陽男陰女。從生月後起順行至後節爲止。查其爲日若干。即知幾歲起運。陰男陽女從生月前起逆推至前節止。查其爲日若干即知幾歲起運。例如甲子年十二月二十四日巳時生係陽男。此月二十九日申時立春。陽男從二十四日巳時起至二十九日申時止得五日零三時。除三日爲一歲外下剩二日五時合二十九時爲不滿二歲欠三分乃共合一歲零九個月即二歲欠三分起運也。如係陰男則從生日逆推至小寒止爲二十四日零九時。乃八歲多二分起運也。至小運則從生日後起仍以陽男陰女爲順逆再查此運與本命之生克刑沖則吉凶可知矣。但起小運又有一法不論陰陽二命男三歲起丙寅順行女三歲起壬申逆行一歲一宮如與大運生合又得貴人祿馬其年必有喜事。如與大運刑冲破害。又遇勾絞破敗等殺。其年則有災禍。小兒初生未行大運。多用此法定之。

第一節　查運吉凶

查運之法。以本命之用神爲主。如壬水命元缺金生助。則以金爲用神。缺火發揮。則以火爲用神。旣爲用神。最爲緊要。大抵宜生扶不宜克洩。損用神者。欲運制之。益用神者。欲運生之。身弱者。欲運引入旺鄉。身強者。欲運泄其燥氣。官弱者。宜運生。不宜運傷。殺旺者。宜運制。不宜運扶。財弱者。宜運扶。不宜運刦。印弱者。宜運旺。不宜運衰。食衰者。宜運生。不宜運梟。總視其與命主之關係如何斷之。更看四柱强弱如何。原有原無。原輕原重。原有官甚弱。行官運則發官。原有財甚衰。行財運則發財。但財多身弱者。又宜行帮身運。或印運。以任財官。旺身輕者亦然。如原有災。又行災運。即禍至矣。再看當生年時得氣淺深斷之。得氣深者。迎運便發。得氣淺者。交過運始發。得氣中平者。運至中則發。書云。臨之以帝旺臨官。將來者進。背之以休廢死絕。成功者退。但此中又分少壯老三境。少年宜行養生運。壯年宜行祿旺運。老年宜行衰墓運。反此則爲背運。書云。生逢休敗之地。早歲孤貧。老遇健旺之鄉。臨年偃蹇。又曰。老幼愼勿趨强壯。實惟宜坐旺。可見生旺雖吉。未盡吉。衰病雖凶。未盡凶也。知此始可言運。惟官印傷官七殺用神。忌見墓運。

又法。凡本命衰者。宜行盛運以助之。本命盛者。宜行衰運以泄之。如命衰又行衰運爲不及。主沈淪顛倒。命强反行强運。爲太過。主剛僻飛橫。惟得中和則無咎。書云。由沐浴而入冠帶。雖吉運猶有餘災。自祿旺而趨病衰。雖否運猶挾少福。又云。吉運未到。先作福。凶神過去始爲殃。乃火未熖而先烟。水既往而猶濕之理也。又云。陰男陽女。時觀出入之年。陰女陽男。更看元辰之會。蓋謂陰男陽女稟氣不順。故當視其出運入運之年。陰女陽男。稟氣雖順。亦當視其所遇元辰之厄。會壺中子曰。元辰犯運。仲尼有陳蔡之危。是也。總之行運看得地不得地。未可以遇祿馬貴人即吉。遇空亡刃刦運即凶也。大抵行長生者。爲强運。主創建新事。雖歲運沖克。亦無大禍。未到長生而歲來冲克則生災氣弱故也到臨官帝旺者主興盛發福生子進財再得太歲扶之主升官荐擢如過旺相而逢死絕命雖不吉爲災亦輕五行代謝之順道也縱死于此亦令疾而終若方經長生入于敗地其中刑克惡殺與命相符而見者爲五行之氣反戰必主凶終到衰病處主退敗破財疾病等事到死絕主骨肉損傷自身衰困百事廢弛到敗運主落魂懶惰酒色昏迷到胎庫成形冠帶主百事得中安康平易凡行運至貴人華蓋六合及乘生旺者皆主發福

第二節　查當生根基

以上所說尤當查當生根基之厚薄以定災福之深淺如命有十分福氣行三四分惡運不爲凶若四五分惡運只見小災至七八分惡運方有重災如命止五分福氣行到三四分惡運則甚凶若四五分惡運則死根基薄也福應亦然如生時五分則應十分又凡陽多人必乘陰氣而發如子丑寅卯辰巳四柱行運至午未申酉戌亥上是凡陰多人必乘陽氣而發如午未申酉戌亥四柱行子丑寅卯辰巳運是但陰

人陽發快陽人陰發遲何爲根基如水命人生秋冬旺令則厚生春夏衰令則薄然生春夏而有金水干支生扶無刑冲破害亦厚反此則薄餘照推

第三節　安命安身法

此法不論男女皆從子上起正月逆行至本生月止又以生時加於生月上順推至卯下即爲命宮以卯爲太陽出地故取之例如四月寅時生人即以正月加子二月加亥三月加戌四月加酉又以寅時加酉卯時加戌順數則戌在卯下即知戌爲坐命宮也經云安命以太陽爲主以節候爲度如前四月生人交過五月節則以五月算之如未交四月而爲三月節則以三月算之無論有閏無閏均以交節之月爲主餘照推　安身之法以太陰爲主查其在何宮度仍倣前法以本命生時逆數遇酉下之神即爲身宮是也餘皆同前

第三章　起大小限月限歲限

大限法從生年干上用五鼠遁起命宮即是如甲子年生人子上安命即以甲己之

年丙作首得丙子爲命宮。管十五年二財帛五年三兄弟五年四田宅四年五男女四年六奴僕四年七妻妾十一年八疾厄七年九遷移八年十官祿十五年十一福德十一年十二相貌十年　如上以丙子爲命宮則丁丑爲財帛宮戊寅爲兄弟宮。

陽男陰女順行。陰男陽女逆行。

小限以生年生時之度數相加。以本年度數減之。不及十二者再以十二度加之。過者以十二度減之餘數即爲小限。如辰年巳時生人。求庚申年小限在何宮。乃從正月寅建起爲一度。卯爲二度。辰爲三度。巳爲四度。辰年巳月並三四爲七度。申年亦爲七度。以七減七恰盡。爲不及十二度。乃加十二度。從寅算起。推到丑爲十二度。即知申年小限在丑也。如求甲子年小限在何度。因子爲十一度。加前七度爲十八度。減去十二度。餘六度。即知子年小限在未也。餘照推。凡小限管每年之吉凶。視其與四柱生克如何。與太歲大運之吉凶神。又如何。則一年之休咎定矣。如小限行至貴人福德。及生旺宮。則一年吉慶。行至刑沖破敗各凶殺宮。則一年災咎。

月限從流年小限上逆起正月。一月一位。凡月限管一月之禍福。如小限本年在寅。則月限正月起寅。二月丑。三月子。逆行。如值財帛宮又遇生旺。則其月進財。如見克害則破財。值貴祿田福妻宮則有喜慶。但逢沖克刑害各惡殺則主災患。

鬼限起法。以生年納音爲主。如甲子年生。甲子爲海中金。遇午限即爲鬼限。討云。金哥出世休騎馬。火弟歸來莫跨牛。木遇兔神須切忌。水逢雞限實堪愁。土人切忌亥猪位。難保終身到白頭。因金命忌午。火命忌丑。木命忌卯。水命忌酉。土命忌亥也。

第四章　財官印食四要義

人物受氣以生。不外生克制化。故生我者爲父母。我生者爲子孫。克我者爲官殺。我克者爲財爻。與我相同者爲比刼。蓋父母即印綬。能庇蔭我也。子孫即傷食。能消耗我也。官殺即官鬼。能管制我也。財爻即妻財。爲我所用也。此四者各有至理。爲命數之關鍵。不可稍離。其吉凶應驗。視本命強弱定之。如甲木命則以水爲印綬。金爲官殺。木爲比刼。土爲妻財。火爲傷食之類。但甲木旺則喜金克以成材器。火泄以去濁氣土多以旺妻財甲木衰則喜木旺以幫身水旺以生身故財官印食者皆視命主強弱爲用神焉但身旺者宜行財官運身弱宜行印比運此大概也然財官印食各有偏正皆分列於下

第一節　正官偏官

正官者如甲見辛丁見壬之例取其陰陽相配也故正官爲五格之首止許一位多則不宜在年上管十五年爲太早在時上管五十歲後爲太遲惟在月令上爲合宜如甲日生酉月乙日生申月是巳皆爲正氣官星或甲日見辛酉月乙日遇庚申月爲支藏干透餘位不宜再見但須日主旺相財印兩扶柱中不見傷殺大運引至官鄉即主大富貴如見刑沖破害傷官七殺刦財合官等爲破格如甲生酉月見卯沖酉刑午破戌害丙食乙刦丁傷克庚混雜皆不全美又當求柱中有物制服乃吉如財官旺而身弱行身旺運則發財官倘身弱則不能負荷再行財官運則主疾病若柱混官殺再行殺運則主徒流又如甲生酉月爲辛官正祿本吉倘時見丁巳丁卯

將辛官引入死絕。丁火反得生旺。或臨殺地。主降官失職。禍生無疑。

古歌云。正氣官星用月支。喜逢財印到年時。破害冲空俱不犯。富貴雙全報爾知。官星不可犯刑冲。官殺同來吉變凶。化殺爲官方是吉。化官爲殺禍重重。官星大抵要身强。身弱須求旺氣方。印綬兼行財旺地。無冲傷破始榮昌。月逢正祿號眞官。不犯刑傷祿始全。日主興隆名利顯。運逢財印步金鑾。印多官多爲貴命。官旺身衰反是恨。官多身旺化爲財。財旺身衰貧且病。明干有官明中取。明干無官暗地尋。暗官有助運得地。不減月內正官星。用官日主坐財印。甲坐子辰主顯榮。用官日主坐傷殺。甲坐申午疾病增。用官最要印綬強。有官無印閒員當。身弱印輕要印補。身旺官弱宜官鄉。運行傷官爲背祿。運行身旺逐馬防。官星入墓窮困見。殺來混官貧夭亡。官遇刦財失官貴。官逢運合罷職防。官星重見作殺論。再行官地災禍臨。官印受刑爲軍吏。官星遇刦主伶仃。官來刑命猶差吉。命去刑官禍不輕。官星純和尋常客。或旺或衰妙理深。官旺喜得傷食制。官衰喜見財官星。大抵用官人忠信。聰明秀麗與和平。爲官清正人慳吝。女命得此封誥榮。　茲特採緊要各格列後。以備一格。
(一)年上正官格。如段芝貴之造。　己巳　癸酉　壬申　庚子　壬命得己土在
年上爲正官。而己丑庚又成旺印。己官又坐巳火旺地。不見木來克土。是爲官印身
俱旺。下行己午財運生官。故大發。惟行戊殺運則解職。因七殺混官也。其前在庚運
被御史參者。以旺行旺地。旺遭傷也。　又梁啓超之命。年上時上兩處正官。爲　癸
酉　甲寅　丙午　癸巳　丙命長生在寅。而寅甲又爲偏印。寅午又作比肩。巳酉
又會財局。是爲財官印身皆旺。十七歲入壬子運。殺來混官。當戊戌變法。幾遭不測。
以子午冲也。三十七交庚戌起。一發如雷。名利兼收。
(二)月上正印格　如盧子嘉之造　丁卯　庚戌　乙亥　丁丑　二丁克庚官。
似乎不吉。然九月金旺。庚子作月建。受戌土生。一丑一戌。皆爲火墓。火弱金強。亥卯
又幫乙木。四十五交乙運起。行官印刦運皆佳。故督理浙江。毫無更變。　又歐陽武
之造　辛巳　己亥　丙戌　丁酉　丙火冬生本弱。喜丁戌己三火幫扶。月上亥

水正官與酉時爲二貴夾拱。故二十三歲入丙運。丙起義。當都督。交申運。被巳刑亥害。即歸田矣。如日時上有官星。亦同上斷。

(三)官殺祿印俱全格　官殺相混本忌。然有祿印旺氣亦吉。三命通會曰。官印祿殺俱全。八座鈞衡之任。如　戊申　己未　壬子　辛亥　己爲正官。坐未刃自旺。又湯戊爲七殺。坐申長生。壬坐子刃。又得亥祿。辛印生子。亦自旺。故爲最貴造化。

化龍之造　甲戌　乙亥　戊子　癸亥亦以甲乙爲戊命官殺相混。然水土生申旺亥子。甲乙木亦生亥。戊癸化火。化而不化。仍喜行火土運生扶。故三十四入己運。當湖北議長。卯運合戌。當內務與教育總長。入庚運洩戊生水。又合乙爲金。故被刺海外。

(四)刑中遇貴格。前言官星忌刑冲。然亦有變例。據三命通會云。日時相刑得遇貴主掌兵刑。如劉尚書之造。　癸未　乙卯　丙戌　戊子　未戌與子卯皆刑。故長刑部。又壬寅　壬辰　丙申　癸巳　官殺亦混。然癸官得巳祿。遇寅巳申三刑。皆

以日主氣旺不防凡身旺混殺只取財印爲用亦發身弱混殺運行殺主夭貧

第二節　偏官一名七殺

偏官者如甲見庚申之類又名七殺以其在七位來冲克也然殺主剛暴有制則化剛爲正如梟匪投降故有制爲偏官無制爲七殺凡命帶殺者身旺則殺人身弱則殺已因殺如刀劍身旺乃能使用身弱則難佩持也歌曰殺旺身旺喜財印殺弱身旺要財生身弱殺旺忌財氣財生成鬼貧賤入食神制殺乃成貴殺逢陽刃威權增制殺太過反不吉身旺又宜殺運行殺重身輕逢刑害刦亡魁罡凶禍臨凡遇身弱喜印刦助旺(名化殺爲權)身體福乃臻身弱如再臨殺地病禍交臨恐損身例如身弱遇歲殺柱中殺重並運年甲命庚生金年運此時凶禍不堪言急往水地泄殺氣生扶甲木命始全殺爲武藝印文明殺印相生顯功名有印無殺威風少有殺無印減譽聞殺遇長生招貴壻殺帶沐浴亂軍營殺臨子宮生逆子殺臨妻位惡婦生

(一)年上七殺格　年逢七殺喜身強不須制服亦無防柱中帶財合陽刃更行財

運福非常。殺旺身衰又刑沖。必主貧困刑病終年殺出身多寒賤。制殺輕重宜合中。歲克日干不恚凶。制合爲權却有功。殺旺喜行身旺地。初年難免一場凶。如曾雲沛總長　乙亥　癸未　巳亥　辛未　己命生未月旺令乙殺又會亥未木局其殺更旺辛時上辛金制殺仍喜行火土運帮身。故四十一歲上巳運任總長。　又張作霖之造。仍年時上雙殺透出無制。爲　乙亥　巳卯　己卯　巳亥此爲殺重身弱。幸月上巳土帮身變旺。仍宜行火土運。四十四歲上甲運甲乙化土爲比刦帮身。逢戊午巳未流年。故升三省巡帥。然甲爲正官乙爲七殺甲雖合己究成官殺相混故壬戌年春令恰值水木旺時殺旺身衰。遂因奉直之戰而敗美中不足現交戊運合卯化火生身。故能重整山河。

(二)月上七殺格　歌曰七殺提綱本是愁。有制必居萬戶侯。平生正直無邪曲，肕識雙全有勇謀月支偏官最喜沖傷官陽刃喜相逢。日干旺相方爲貴。制伏得宜萬事通偏官有制化爲權英俊文章發少年。身旺定爲台諫客。武職勛名鎭九邊。身逢七殺是提綱。只爲干衰亦受傷。正祿交差刑殺入。終身不免受凶殃。如張紹曾之造。
己卯　甲戌　乙亥　己卯　身旺取戌中獨殺爲用。故二十五歲上辛運即當
師長。庚午十年。由都總升任總理。　又袁世凱命　己未　癸酉　丁巳　丁未
月上七殺癸水。而身旺又帶未刃二重。殺刃雙全。故威名顯耀。辰運爲殺庫。故罷官。
丁運重起爲總統。五十六歲上卯運。冲酉長生貴人。與七殺提綱。故死。　又陸建章
命　癸亥　庚申　甲寅　乙亥　甲木秋生。又得寅乙二木帮身。二亥生身。乃能
當此庚申七殺。天克地冲。故當執法處長。殺人甚多。丙丁運雖制殺。然泄氣太重。至
辰運合申化殺爲印。乙運合庚。乙又帮身。乃由處長升西安將軍。交卯刃運。則受害
死。因殺刃太旺故也。

(三)日支七殺格　此又名天元坐殺格。衰旺亦如前斷。如甲申乙酉等日。如明坐。
乙丑丙申等日爲暗坐。但木火坐殺。喜生春夏木火旺令。殺自有制。不喜明見丙丁。
制殺太過。如生秋冬衰時。則金水鬼旺。即喜刦印帮身。傷食制殺。別無官殺來混。乃

爲化殺生權。如殺旺身弱。又無比印帮助再行殺運。或柱見官殺。其人必面目瘢痕。侏儒跛倭。駢指瘤贅。貪奸暴戾。屢犯刑章。殺重多夭。即合格亦只武貴。不得正途功名。若身臨生旺。比印帮身。制得中和。亦主文貴。但爲人心惰性燥。不近人情。　如袁乃寬命　己巳　壬申　己卯　戊辰已上。秋生得年上己土。時上戊辰帮身中金又制卯殺。己火又泄卯氣。生身而申辰水局爲財。又生卯殺爲身旺殺旺。故四十三歲上丁運逢壬子癸丑年爲財。此時身旺財旺。以糧局總辦。發數百萬。前在己巳戊辰二十年土運。爲比刦。故困於知事。而不能上達。

(四)時上七殺格　又名時上一位貴格。要身旺乃能用殺。若身衰殺旺再行殺運財運。反主貧賤無子。經曰時上偏官要身強陽刃刑冲殺敢當財多要行身旺運殺多制少必爲殃。蓋時上七殺。要在干上一位透出爲妙如年月日重見。反主辛苦勞祿。若身旺制殺太過。又喜行殺旺運。或三合殺運。如無制伏。又要行傷食運乃發。但身弱者雖得運扶發福。運過仍然不濟。又曰上偏官一位強日辰自旺。貴非常有財有印多財祿。定是天生作棟梁。時上偏官喜刃冲。身強殺制福祿豐。若是正官來混雜。身弱財多反困窮。一位七殺制太多。文如李杜也蹉跎。殺弱宜行殺旺運。殺旺又宜制。中和時逢七殺本無兒。此理人間仔細推。歲月時中如有制。定知有子貴而遲。食神制殺又逢梟。若不貧賤亦主夭。陽刃合殺忌財見。財生殺重亦必夭。制殺不如化殺全。化以印綬制傷官。化弱制強恩不足。制弱化強禁制難。 如靳雲鵬命 丙子 戊戌 甲子 庚午 時上庚殺甚旺。甲木僅得子水生扶。又無比助。故初年行金運欠利。二十五歲上壬運漸佳。入寅癸卯運大發。然時殺亦主無子。惟有午火制庚。故子晚。 又紫陽朱熹造 庚戌 丙戌 甲寅 庚申 時上與年上三重七殺。幸得丙火制伏。寅木帮身。故爲大賢。凡古今偉人。多以二殺透天。如王士珍彭家珍等皆是。然王彭皆無子。因此。

(五)棄命從殺格 日主無氣。四柱殺旺。不得已棄命從之。如好人從盜。婦人從夫。一心歸向乃吉。若四柱有根。從而又反。則必爲禍。但陽干無根。只作殺重身輕論。陰干無根。乃以棄命從殺論。以陰道易從人也。至甲木無根。更不能從殺。以金見朽木必傷也。既從殺。喜行財運生殺。爲一心歸向之理。更吉。　歌曰。柱中毫無刦印神。殺重身輕從殺論。喜行殺旺及財地。若逢根氣壽難存。從殺須要殺氣純。陰干從支得安寧。陽干從支事反遜。陽多剛氣從不眞。五陽日主全逢殺。棄命相從壽不堅。若是五陰逢日主。身衰殺旺吉堪言。西方金命坐臨柔。不怕無根休且囚。殺値旺生多發福。功名催促上瀛洲。如曾士琦造云云。　如曾士琦造　戊子　癸亥　丁丑　辛亥　丁命冬生。又逢亥子丑北方一片殺地。上見癸辛金水爲殺。旺已極。且丁火又坐丑墓。如入水牢。癸殺又透出克制。不能不舍命從殺。然戊癸又化火。亥中甲木又生丁火。又爲棄命不盡。非驢非馬。當以貧賤狡黠論。以丁火入墓受克。則微賤也。透出癸殺。則凶狡也。然癸殺戊刦子官丑制。凶而不凶。徒狡而已。

(十八)會殺化印格　如甲辰日生子月申時之類。再透庚殺化印。貴至一品。最忌大運與流年相會旺財傷印。反主凶危。如柱中原有克印者。歲運又逢財星來克。必遭凶暴而死。如上命或運行丁未歲在庚戌。未戌聚財坏印。戌又冲辰。主戌年見禍。辛亥年受刑。以辛庚官殺混也。詩曰。會殺爲權福最多。支辰合印致中和。若逢克印臨年運。刑戮傷身可奈何。　如劉成勛督軍　甲申　己巳　丙辰　戊子丙命坐申子辰殺局。來生甲木印爻。故丙火有根。若逢庚寅年運。來冲克則凶。與李純之用癸印相同。

（七）旺殺歸庫格　如六乙日見丑。六辛日見戌。在年月上。或時上均是。詩曰庫內偏官名庫殺。刑冲破害最爲奇。運行制伏兼身旺。便是功名奮發時。　如段祺瑞之造。　乙丑　己卯　乙亥　壬午　乙木以丑爲殺庫。爲年上獨殺。故喜刑冲。四十六歲行戌運。大發。上酉運冲卯破午。又爲殺重身輕。故敗。　又馮國璋　戊午　乙丑　乙丑　己卯　亦爲殺庫。然馮於六十二歲交未運。冲丑庫而死者。以丑爲日支忌冲也。

（八）專祿宜制格　謂六庚日以丙爲殺。却生巳時。爲丙殺所得之專祿。巳中又有丙火。其殺更凶。宜見壬癸於柱中制丙乃吉。主爲武將。再逢殺年運更凶。詩曰庚日巳時殺祿明。須得制伏乃昌榮。武職當權爲帥座。若逢殺運禍來臨。　如姜桂題上將命。

癸卯　丙辰　庚申　辛巳　時上巳爲丙殺之祿。月上又見丙殺更凶。幸癸水透出克丙。申中壬水又克巳中丙火。巳申又合。故爲良將。

(九)官殺去留格　凡官殺混雜者。官受制則去官留殺。殺受制則去殺留官。審其輕重定之。但天干透者易去。月支藏者難去。須得有力之傷食乃成。然五陽日食神能去殺。又能留官。五陽日傷官能去官。不能留殺。必合得陽刃方能留殺。如甲命互見辛官庚殺。若官重殺輕。得一丙食神合辛克庚化水生甲。即爲去殺留官。有情而貴。若殺重官輕。得一丁火傷官克辛。須再得乙木陽刃合庚。乃爲去官留殺。有情而貴。詩云去殺留官當論貴。去官留殺主威權。官星七殺交差見。須有合殺貴方言。又有年月日時見四官四殺者。當以明者用之。藏者舍之。宜仔細分別。若兩停無重輕則查其向時者用之。背時者去之。然總以身旺爲要。如去留不清。乃爲混雜。方主貧賤。如周駿將軍之命　辛巳　癸巳　丙寅　戊戌　癸官被戊合去得丙辛化水。化出殺星。爲去官留殺。但官主文事。殺主武事。今化去正官故周少年文考不售。而學武。若官殺皆不能制化則主貧賤矣。據神峯通考。列一丐者之命。丁卯　甲辰　戊午　癸亥　四柱無金制殺而甲殺貼身。卯亥會官局。戊癸化火不眞。故一生爲丐。至亥運殺旺而死。又制太過之女命損七夫。如庚寅　甲申　戊寅　丁巳　戊命以甲殺爲夫命甲生秋令殺旺。又被庚寅天克地冲。寅巳申又三刑。故甲寅三木皆坏也。

第三節　正財偏財

財爲養命之源。人生之所必要。有財無官。猶可。有官無財。難存。然無論爲官爲財。皆要身旺。乃能勝任。如身弱則難享受矣。但財有正財偏財之分。陰陽同者爲偏財。陰陽異者爲正財。如甲見巳。乙見戊。則爲正財。甲見戊。乙見巳則爲偏財。正財爲正當合義之財。偏財爲非禮外來之財。在干上者。爲外面之浮財。在支上者爲內面之聚財在年月者。為祖宗父母之遺財。在日支時上者。為本人妻妾子孫之新財。然在年上者。為根本。為祖宗富貴。中年無用。在月上者。為得時。最為要緊。在日支者。為得位。一名坐財。在時上者。為有成。為歸結。若月支無財。在日時上者亦佳。總之財交宜藏不宜露。宜少不宜多。如財多身旺猶可。財多身弱。則不任財。再行財官運。反恐因財生禍。名利無成。如庚辛日生於寅月。柱見丙丁為官。雖年月寅卯為財。不但難受祖業。反恐因財生禍。一生熬煎。若身旺又當別論。或見劫印生扶。又主富貴雙全。大抵身弱者。見梟奪則難得財。見刃劫則難享財。見偏食則難任財。見庫空則難聚財。各因其命定之。如甲命午月生。見壬梟丙食卯破乙奪甲子旬戌空之類。皆是。然正財格主人誠實儉約。慳吝聰明。若財旺身衰。主妻秉夫權。子替父力。反得清閒。但運行比劫。妻妾多危。詩云。財旺生官富且貴。露官藏財得高位。身弱財多喜刃劫。刑妻多是財入墓。支下伏財娶偏房。財破離祖利他鄉。大運流年合財位。必見紅鸞作新郎。身弱逢財又見殺。不但貧困復生殃。身弱財多從婦命。財源被刦父先亡。（又主孤寡）財星得位因妻富。財遇長生發田莊。財旺生官身榮顯，並主子嗣得榮昌，若見比刼反生禍，禍爭財興訟手足傷，正財生旺享福利，遇刦財晦見沈吟，見官平生招非禍。逢殺多敗事少成。正財還與月宮同。最怕干支遇破冲。歲運若臨財旺處。須教致富勝陶公。正財切忌刼財神，破害刑冲不可論，歲運那堪逢刃地。命延不死也遭迍，身旺無官只取財，財神冲破刦爲災。財帛宜藏不宜透。財星歸庫更美哉。身弱財多力不勝。生官化鬼反來侵。若無印刦來帮助。平生破敗事無成。財多身弱刃偏强，身旺之鄉反不祥，鳳寡鸞孤寒夜怨。親友交財亦受殃。戶大家虛貧暗受。百端費力總空忙，逢生乃見興隆事。破印生災夢一場。

何爲偏財，乃甲見戊土，乙見己土之類。非家內之業產。乃外來之浮財也。既爲外財。必多糾葛。喜柱見官星。有所依靠。又要身旺。乃能享取。若無官星。禍患百出。若見比刦不免分奪。或見空亡。外財不實。若偏財氣弱。行財地即發福。若偏財得地。即可生官行官運即發福。如柱中原帶官星。即爲好命。如比肩輩出。雖入官鄉。發福亦少。但

偏財只喜一位。柱中多見則不佳。尤以在月令者爲要。如在年上生旺月令。柱中通
氣。主祖業甚厚。或受外祖恩養。大要身旺財旺。再行財地則發福。如身衰財衰。再行
財地則反禍。或見刑沖破害比刼分奪。更忌。如財多生殺。即主破祖勞苦。凡月令有
財。主少年富貴。如生時不得地。或見刼敗。更運臨凶地。主晚年祖業破盡。終身困窮。
先富後貧。若年月無財。日時帶財。別無刼敗沖克。主自家成立。中晚年大發。若柱中
財多身弱。少年經衰敗地。中末年後。忽入印運生身。或三合助旺。則勃勃然而興。如
少年乘旺運。老境入衰運。不惟晚歲途窮。抑且是非蜂起。若四柱相生。又帶貴格。不
入空亡。又行旺運。三合財星。發福不淺。視其氣魂大小定之。又曰。凡命帶二財。身弱
不妨原用正財。身旺發財。原用偏財。身旺脫財。但用正財者。忌見官星。以家財無須
動官也。用偏財者。喜見官星。以外財須官處置也。
詩曰。正財不及偏財多。最怕比刼敗神磨。在年必主祖業厚。在月必然父產多。在月
刼敗名逐馬。刑妻克子破財來。再行刼敗主身死。並防陰小與官災。柱中原來犯此

病、運行財旺亦發福。月上偏財無刦敗。富甲人間並官祿、偏財透露。人多情。輕財仗義大商人。多謀多詐貪花酒。愛說是非愛逢迎。益壽延年身要旺。輕妻重妾招謗評。最怕此刦敗神出。財多身弱惹災生。偏財若還帶正官。刦星露出禍百端。身旺見官轉發福。有官制刦少糾纏。偏財名利發他卿。慷慨風流性質強。別立家園財兩處。因名因利自家忙。

(一)月上正財格。如　甲辰　丙子　己未　戊辰　己命坐未土。得二辰。幫身爲身旺。能任月支子水正財。且子辰又會財局生起甲官。克戊土比肩。故主早年科名。時上辰爲財庫。故終身有財享用。

(二)日主坐財格。如庚辰辛卯日之類。但此日如春生則財旺身弱。喜見戊己土生干。乃能任財。如見庚辛刦財。丙丁官殺。皆不吉。又甲午乙未日夏生。丙戌丁丑日秋生。皆同。惟壬午癸巳二日。祿馬同卿。不專以財論。

(三)月時上偏正財格。如甲寅日戊辰時。天干透出偏財。乃眞。若歲月又見財則雜矣仍喜身旺以任財食神運以生財。獨忌官殺以克身泄財若比刼太多。又喜官殺克制。但時得正財者主守分成家。得偏財者主豪俠施舍。詩云時上偏財一位佳。不逢沖破始榮華。敗神刧刃若不遇。富貴雙全比石家。此言時上偏財也。又曰偏財本是衆人財。最忌干支比刼來。身強財旺方爲福。若帶官星更妙哉。此言月上偏財也。偏財官少不宜多。身旺運旺發福祿。傷妻破財逢刼刃。刧多亦喜官殺磨。此統論偏財也。　如己酉　丙子　壬寅　乙巳　壬命生于子月。爲建刃格。寅巳中二丙爲財。又爲偏財格。壬水既得子刃。又得己酉金局生身。身旺已極。喜見己官克子刃。乙木泄旺水。則財無爭奪。可以安享。惟己爲貴人。己中戊土爲七殺。寅巳一刑。不但功名不遂。並主妻子遭災。所喜乙寅二木克制戊土。時殺有制。晚子英奇。獨子刃當權。克妻不免。

(四)日臨財庫格　如金命以木爲財。未爲庫。火命以金爲財。丑爲庫之類。但生旺。則爲庫。死絕則爲墓。丑爲火命財庫。生于夏。旺于秋。休於冬。死于春。辰爲土命財庫。

生于秋。旺于冬。休于春。死于夏。凡命坐生旺之庫。則主納粟得名。坐衰死之庫。則主因財入獄。如辛未日生人。爲命臨財庫。或庚日生未時。亦是身臨財庫。但未爲木庫。生于冬。旺於春。囚於夏。死於秋。倘辛未日在春令則身臨旺庫在秋令則身坐死墓。臨旺庫則財帛豐盈。因財致貴。詩云六辛坐未休嫌弱。土透天干反有功。身旺何愁金水旺。傷提方見壽元終。因未中有己土乙木丁火。辛坐未克乙財。又受丁克。若四柱天干有土生辛身弱變强。不畏金水刦泄。若月提是卯被酉冲。方損壽。倘天干無土生辛。則以身弱論。如戊辰　乙卯　辛未　癸巳　辛金生卯月木旺時。身坐旺庫。戊土又生辛干。合癸水化火。以泄木氣。是財中帶殺。亦以身弱不能任財論。喜行土運。行酉運冲卯則凶。　如生九月變爲　戊辰　壬戌　辛未　癸巳則身坐未爲死墓。戌又刑未辰又冲戌。戊癸又化火克辛金。雖秋令金旺。然壬癸泄氣太甚。上則燒金下則埋金。傷官破印迭見庫破財空。當以守墓論。行乙運稍佳。丑運則死。

(五)棄命從財格　此格因身弱財多。不能任財。只得舍命從之。如男子無力入贅妻家要生起財星。一心歸依乃吉。與棄命從殺之理同。如身旺印生。自身有力。反生疑忌。詩云己干無氣滿盤財。棄命相從是福胎。運旺財官皆富貴。如逢根助反爲災。如丁生酉月柱多庚辛。日干無氣。只得棄命相從。運行北方財官旺地。乃爲入格發福。如入南方反災。　如趙惟熙之造　庚申　庚辰　丁未　辛丑　滿盤金水克泄丁火。雖丁火夏生坐未木庫。然丑未冲坏。仍以弱論。只得棄命從財。故少年行金水運入詞林。當御史。西運升甘督。皆金水運也。丙運死

(十八)時上專財格　乃丙日見丙申時。甲日見己巳時。因丙祿在巳。以巳刑合申時爲財。他處不能移動。故爲專財。運行官旺。財神不背。大發財官。如行傷刦冲刑破祿之運則凶。又甲日合己巳時爲財。亦要身財俱旺。如生木旺月喜土多。生土旺月喜木多。丙日亦然。詩云專財丙日見申時。運至官鄉福更奇。名登象簡金魚貴。福壽雙全事事宜。　如甲辰　戊辰　丙申　丙申　丙以巳祿合申爲專財。又癸酉庚申丙子丙申亦同

（七）雜氣財官印綬格　以辰戌丑未四墓庫。爲天地雜氣所聚。柱中得此。故名。如丙丁日生辰月。辰中有戊乙癸三干。若干上透戊土多。則爲雜氣火土傷官格。透乙木多。則作雜氣印綬格。透癸水多。則作雜氣財官格。財官入庫。非冲不可。詩曰雜氣財官喜見冲。冲開財庫福興隆。不用財官取印綬。又嫌冲印命成凶。如忌傷食出爲害。冲出傷食凶亦同。如丙日生辰月。露出乙木爲印。柱見金神克印。是爲財旺印衰。再行戌運。以戌中辛金冲辰中乙木。是爲貪財坏印。求財反灾。又丙丁日生戌月透出戊土。爲雜氣傷官格。是時火衰土旺。喜木來克土。制其傷官。又得財運來泄土更吉。若遇辰冲戌。將傷官冲旺泄氣則主死。此又雜氣財官忌見冲也。總之凡遇此格。身旺則喜冲。衰則忌冲。又要看庫中透出何物。乃可定何格。　詩云。雜氣財官印綬逢。天干透出始爲豐。財多宜旺宜冲破。切忌干支壓伏重。五行四季月支臨。印透干頭始顯榮。四柱相生官殺喜。更饒財產有聲名。此言雜氣財官印綬格。喜刑冲破害也。用財官則喜財官透出。用印綬則喜印綬透出。透財則富。透官則貴。透印則享祖業不遇刑沖則固閉不發但干支遇比刦壓伏官遇傷食壓伏印遇財交壓伏而且又多則減福生禍若柱中官殺相生財星有氣則財生官官生印印生身身克財不惟財豐更得功名總之身旺遇刑沖則發福身弱遇刑沖則孤貧　月上財官不可沖如沖財官八九凶財官逢墓沖則發運行沖地反成功財官印旺忌墓絕墓絕逢旺始發福財官生旺逢旺運化殺生灾財難得身旺入庫必生灾身旺入旺過剛折身墓遇生發無疑若逢休敗多困厄出墓入生事事興由生入墓百謀息財墓刑沖必克妻鬼墓刑沖夫星絕六親入墓同此推再將用神仔細別　例如甲以辛爲夫而辛金墓丑若見未成刑沖主死夫餘照推　四庫齊全大富貴最喜身旺與刑沖透殺有制又有合凛凛英風盖世雄透殺無制又無合身弱傷多必見凶丙日辰時爲殺庫再透傷官凶重重柱中見印或透印木泄殺傷得氣清無木土厚奪丙殺性情卑濁難顯榮時逢乙木與未墓爲人雖富主不仁丙遇陰金與丑墓縱然貧困有德行男遇四庫克父母女遇四庫有淫聲庚命生逢四季月身弱遇旺亦成名

第四節　正印偏印

印綬爲生護我之神。又一名生氣。又爲父母。但陽生陰爲正印。如壬子水生乙木是。陰生陽爲偏印。又名倒食。又名梟神。如癸亥水生甲寅木是。此格主聰慧慈良貌豐疾少不逢凶橫。但吝財。多爲正官掌印。經曰有官有印方成福。有官無印非眞官。忌財傷印發不久。運入財鄉宜退身。用印多得前人福。貴過祿貴名利成。在月爲上。日時次。在年須得歸祿臨。用印福祿主安享。印多克子少子孫。無殺亦喜行殺運。有殺財死墓忌行

(一)化鬼爲印格　如乙丑癸未。丙子乙未。丙坐子殺。柱有二乙二未木庫。結局運行至印旺。化鬼爲印。故大顯。

(二)陽刃化印格　如戊寅戊午戊午戊午　戊爲日主。帶三刃本凶。然寅中甲木制刃。生火會局。化成印綬。柱中無水傷印。故主大貴。

(三)時逢生印格　如甲日子時。主多智安享。但年月上要見辛官生印。運行西北

官印地乃貴。若柱見戊己土重克印。午來沖印。運行東南官印衰絕地。主百事無成。

(四)棄印縱財格　月上正印忌見財。若印在年時。而月上見財。喜印生身敵財。乃發。若月上偏印。年時見財無防。爲忌印從財格。如壬命申月丙命寅月。身坐長生。年時見財。身旺無防。但主白手成家。

(五)印多喜制格　四言獨步曰。六甲坐申。三重見子。運至北方。須防橫死。天干二丙。地支全寅。更加生印死見凶。臨壬癸多金生氣。申酉土旺則貴。水旺則貧。癸日申提。卯寅歲時。年殺月劫。林下孤棲。此言印多無制之禍。若有制則吉。　如巳亥乙亥乙丑丁丑　乙木見二亥。水旺木泛。早行癸酉壬申運大凶。入土運制水大發。凡乙木衰死在亥子。故忌若甲木則否。

(六)梟喜制合格　梟神又名退神。又名吞啗殺。柱中最忌見食神。最忌見財神。凡命帶梟多主福薄夭壽。在祖位則破祖。在大運則立禍。見刑殺則夭貧。身弱則損壽。身旺則財豐。如甲命以丙爲食。丙火生土。土爲甲財。土生金。金爲甲官。若見壬梟克丙。則不能生土財矣。壬又合丁克辛則甲無官矣。且壬克丙則庚殺得保全而來克甲是見一梟而成三害。若有財制壬有丁合壬則吉。如甲命見壬辰壬戌戌土克壬。又有丁合壬。則反禍爲福。故凡用食見梟皆凶。用印亦然。詩曰食神見梟不自由。財破胆怯。丁母憂。重犯容貌多歆邪。韓信功名不到頭。丁卯遇巳爲乞丐。財傷制合利營謀。有梟無食作印論。梟食駁雜反生愁。

如丙戌丙申甲戌壬申甲命申生身弱受制。二丙又泄甲氣。壬又克丙助申殺。故名利無成。又壬申壬子甲戌丙寅壬子梟重成財制之。丙食又生財以生申以克泄梟神。寅中戊丙又助之成木火通明象。故大發。此梟食雖同見而有財助故吉。如命坐梟上或干支梟印重者。運逢食神必主貧病更帶刑冲禍生不測。奧旨賦曰歲月時中有偏印。吉凶未明。大運歲君過壽星。災殃立至。

第五節　傷官食神

傷官爲泄氣敗神。又爲子孫爻。乃陰陽相見。如甲見丁乙見丙之類。甲以辛爲官而丁克辛以傷我之官貴。故名。但身旺無防。身弱最忌。普通論傷官者。皆言傷官忌見官。喜見財印。如傷官見官。禍出百端。故詩曰。傷官無論年月時。忌見官殺。喜見才。見才自能生官貴。如見官殺即生災。身旺喜行傷官運。身弱運忌才官來。傷官才印俱可用。身弱用印旺用才。用印生才方發福。用才去印亦美哉。用印多不忌官殺。帶才見印禍不輕。傷多泄重主夭賤。傷盡又喜見官星。傷官不盡歲運逢官來。乘旺見刑沖。身弱才旺刃殺克。徒流死疾走西東。　年傷祖破親不全。月傷手足多不完。日傷妻妾少賢順。時傷子息主凶頑。年上傷官實可嫌。重則傷身壽不延。傷官傷盡生財貴。財絕逢官禍必連。年沖月令須離祖。日破提沖必損妻。時日暗沖妻子克。無沖四敗一生低。　火土傷官忌見官。金水傷官喜見官。金寒喜火水喜土。木喜金克成材看。凡遇水木傷官格。才官兩見始爲歡。傷官不盡又逢官。斬絞徒流禍百端。月犯父子無全美。日犯自己主傷殘。時傷子息多狠狠。須知富貴不周全。若是傷官居太歲。必招非禍在斯年。　月露傷官時露才。功名顯耀肅烏台。傷重子虧多勞苦。身旺無依官道陪。身旺刦重財衰弱。喜官制刦生財星木金傷官火發泄。北運破火凶反臨。
眞傷行傷運必滅假傷見傷亦死刑。傷官氣洩主聰明。自越禮法放縱行。身旺氣泄
多富貴。身弱氣泄寒酸成
食神者陽見陽。陰見陰。如甲見丙。乙見丁之例。喜忌亦如前說。然有食能生財制殺。
故食優于傷。如甲以丙食爲子。丙能制庚殺以救甲。生戊財以奉甲。故食爲壽星。又
名爵星。若見壬爲偏印。克丙則爲倒食。主凶。故食宜生旺。忌死絕。 詩曰食多喜印
來救助。食少見印等梟神。食見偏印爲倒食。有始無終事難成。貌斜身小心性促。甲
見丙食柱遇壬。丙火受克庚難制。火不生土財亦傾。若不貧賤亦夭壽。食難制殺怕
梟神。食神受制難生財。逢旺向祿事快哉。甲日食丙受水克。運到東南吉始來。如遇
土月丙泄氣。木地生丙事方諧。食帶官印祿馬貴。名爲福聚壽慶來。若帶刑害空墓
絕。名爲禍聚主凶災。食宜單見忌重連。食多耗氣變傷官。多主乏嗣或敗子。食如入
墓壽難延。 食空若遇官殺露。必是巫醫數術流。空遇梟克行死絕。胃病缺食飢寒

要食宜旺祿與向祿月祿爲上次日時更逢貴人食旺地福祿雙發名利馳如是身衰逢梟旺非夭即貧毫無爲食加生旺如壬癸加在申亥文武宜　陰日食神暗合印陽日食神暗合官官印暗藏食純粹貴祿福壽得雙全日食生旺無冲破財厚食豐福量洪有子有壽身軀偉日食衰絕母子凶歲月財食祖業厚如在日時妻子賢柱見獨財乃主貴財多不濟富僅言甲日食丙又見己丙食巳祿號天廚身旺貴祿兼富壽身衰食重反不宜

(一)喜見財官格　如壬申丙午己亥庚午　夏令土命火炎土燥庚金傷弱喜水木克泄疏解

(二)見殺有制格　如辛丑庚寅甲辰乙亥　甲木春生木旺金多甲乙與庚辛相對喜行火運疏解木氣以制官殺之混故行丙戌丁亥運大發　又辛丑辛卯乙丑庚辰　此亦官殺混喜行木火旺位制殺發福入酉運會丑死於非命

(三)食神同窠格　如甲食丙而甲子人見丙子之例得此者不富即貴但在月不

如在日在日不如如在時如韓魏公戊申庚申庚辰庚辰宋秦檜庚午己丑乙卯壬午是也主大富貴

(四)食神帶合格　如甲食丙得辛合己見辛有丙合之例主掌權印

(五)專食合祿格　戊日逢庚申時丙日逢甲寅時之例戊食庚而庚又得申祿虛合乙卯貴氣若年運乙卯來塡官星大利最忌柱見甲克戊卯塡實寅沖提丙傷庚主遇而不過喜秋冬生食旺愛財星印綬怕刑沖破害純粹者貴塡實減半戊午戊寅二日雖作此格月令作財官當以財官論

以上財官印食諸格即爲生克制化之原雖不足以盡格局而大要已在其中精義亦寓乎此蓋無論何命不外強弱二種命強者忌刦印以生扶而喜財官食以克泄命弱者忌財官食之克泄而喜刦印以生扶一喜一忌而用神出焉喜刦印者行刦印年運則發福行財官食年運則見凶喜財官食者亦可反觀雖人口千百萬人類數十種人命數十格貴賤各殊賢愚各異而要點不外此兩大端本此兩端以考之

則清濁高下之分見矣。故他書詳格局者。此書則重等級。當見一命人中不免千差萬別者。皆由財官印食之多寡爲之也。又見同一格中亦有禍福高下者。亦由財官印食之純雜致主也。因此各人之造化不同。各人之氣魄互異。即各人之吉凶悔吝亦分茲特將大小各命列爲等級。以便比較。即知命元之厚薄。與命理之精微焉。

第四章 東方木造甲命三等九級例案

第一節 甲命上等格局

上上格

劫 乙卯 刃
傷 丙戌 才食
元 甲戌 五歲多未宮
官 辛未 才貴人 劫

癸未
辛巳
庚辰
己卯
戊寅
丁丑

徐世昌總統　秋木身弱。喜水木生扶。今得乙卯比助。卯未木局。又助之。丙火透出。木有光輝。辛爲正官坐未。貴爲官貴。得令。卯爲羊刃助身。更強。雖四柱無水。然丙辛化水。亦得外援。行金水木土運。皆佳。故從二十五歲上癸運後。五十年大運。行辰運得水沖動魁罡

故督東三省卯爲陽刃幇身。又合戌爲天魁火著。故爲總統壽在七十五歲但丙火化辛爲水食神化印故無子

上中格

辛未　丙申　甲申　甲子

九歲

丁酉　戊戌　己亥　庚子　辛丑

榮勛次長　秋木得申子水局爲印。丙辛化印局丙火透出辛官亦透官旺有制皆吉惟壯運冲坏貴人。故遭貶責

上中格

癸亥　庚申　甲寅

十歲

壬寅　己未　戊午　丁巳　丙辰

陸建章將軍　秋木得刦印弱中生助强地冲兼天天克庚申殺太剛少運行火土脫洩否非常廿歲入武校巳運管帶當不久又革職刑冲被害防辰運爲鎮使乙運督西方皆

乙亥　乙卯　係水木運。所以軍能將卯運爲陽刃。殺刃凶
甲寅　難當。如其有學養謹愼。亦安康。誰知督陝後。
雄心猶未忘。戊午年五月。天津遭凶亡。過剛必中折。錄此告强梁。大克地冲者。遇刃
欠吉祥。

上上格
甲子　鮑超子爵　冬木得比運取火爲用神子午
戊子　乙丑　雖冲破。戊癸化火眞。因此木生彩。一生有威
癸亥　丙寅　名。乙運始入伍。丑運統帶兵。寅運平南北。卯
甲午九歲多　丁卯　運守邊庭。戊運封子爵。歸田運在辰。終身木
甲子　戊辰　到任。子卯冲太深。己運甲化土。此時跨長鯨
己巳

上中格
戊午　曲同豐中將　甲木無火故無光煥然二癸
癸酉　丁巳　爲正印透出。二酉爲正官當旺令。亦吉。但酉

己未　丙辰　子未皆破害美中不足四十七歲行寅運逢
甲子二歲欠　乙卯　庚申年六月皖直交戰曲氏以第一師師長
癸酉　甲寅　被擒即在此沖克祿位時
癸丑

上上格
己亥　靳雲鵬總理　秋木會三奇丙火發幽姿庚
丙子　庚子　殺叉透露卯刃來扶持此時爲總理殺刃更
戊戌　辛丑　有爲財官大發展甲運亦如斯六旬上辰運
甲子五歲　壬寅　沖戌恐遭危
庚午　癸卯
甲辰

上上格
丁亥　紫陽朱夫子之造　秋木會火局文明冠古
庚戌　戊子　今庚殺雙透露丙火著命名先賢雖特出命

丙戌　己丑　運實過人。
甲寅　庚寅
庚申　辛卯
　　　壬辰

第二節　甲命中等格局

中上格
辛卯　周孝懷觀察　身旺殺旺傷官亦旺喜水爲
丙子　壬辰　印綬克泄傷殺故壬運當瀘州校長出洋辰
庚寅　癸巳　運從岑春煊到粵。癸運在川當警備道實業
甲辰十歲欠　甲午　司巳運刑寅又爲庚長生正當辛亥年相沖。
丙寅　乙未　官殺又混故被端方參劾川督尹昌衡抄沒
　　　丙申　其家私逃回籍正交三十六歲己運。

中上格
壬寅　李大鈞參事　身旺官弱財官貴俱在丑。然

丁丑　辛丑　丑午害卯午破。財官貴旣害卯刃又破。美中
癸卯　庚子　不足。辛亥爲長生。會卯帮身。下行亥運必利。
甲午六欠三分　己亥　後果於壬戌癸亥年回川主持民政。
乙亥　戊戌

中中格

丁酉
丙午　許奎五師長　甲木得旺局。合四孟木火通
壬申　丁未　明看似大格。惟財官殺印皆刑冲。身旺者仍
乙巳　戊申　宜取金爲用。三十五歲起當師長。後仍賦閒。
甲寅十歲　己酉　在京。此造如甲木生於寅月旺令。殺官蓋頭。
乙亥、　庚戌　或傷食透出。皆主威名大振。此雖甲木無光。
辛亥　然殺旺亦掌兵權。但不久。

中下格

壬酉　張福田　秋木得印。以火爲用神。一生喜木

己亥
癸酉　三歲
甲戌
癸酉

辛未　庚午　己巳　戊辰　丁卯　丙寅　乙丑

火運中年金土皆忌。老歲木火通明。故享壽七十九歲。富貴雖不大。亦可稱壽星祿。此以備一格。

第三節　甲命下等格局

下上格

乙丑
乙酉
甲辰　八歲
乙亥

甲申　癸未　壬午　辛巳　庚辰　己卯

李國定議員　秋木三重刦。金多殺氣勝。柱中惟缺火。火土運喜行。幸身旺不畏殺。殺重于身。名損。然無火則秋木無輝。巳午運雖火。然午破丑貴。巳冲亥長生。反起駁雜。庚運制二乙。本可去刦財。然化金則金殺又增。雖當議員。仍多駁雜。惟辰巳運甚吉。卯刃運欠利。

下中格

庚寅　　己卯

戊寅　　庚辰

甲戌三歲三分　　辛巳

乙丑　　壬午

　　癸未

　　甲申

譚少周　三奇身旺缺水喜行水運壬癸運大隹金火欠利土運亦吉

下上格

壬午　　庚戌

己酉　　辛亥

甲戌八歲　　壬子

壬申　　癸丑

　　甲寅

　　乙卯

唐維烱標統　秋木身弱官殺又混取水木生扶故在子運內得癸水正印生扶當統領以後水木尚多故可補四柱之不足然以一掌經看則又成金局全格與周駿同

下中格

己卯　甲戌　鄭樹堅軍法科長　冬木無火故缺嗣而子
乙亥　癸酉　中辛官又爲卯破故官亦不顯但甲木得亥
甲子十歲　壬申　長生與亥卯木局及乙甲比助故身強到未
甲子　辛未　運貴人會木局大佳中運會子爲印局亦佳
庚午
己巳

第五章　東方木宅乙命三等九級格局

第一節　乙命上等格局

上上格

戊午　丙寅　馮國璋總統　冬木喜火爲用竟得午火長
乙丑七歲　丁卯　生丑中七殺故有威權聲光且乙卯二木又
乙丑　戊辰　助之是爲身旺殺旺下行己運當師長庚午
己巳　運當督軍辛運當總統在丁巳年夏正五十

己卯　庚午　九歲戊午年秋交與徐世昌同至庚申年歲
辛未　月扣滿六十二歲入未運冲丑殺破午長生
主大凶已未年冬月故死又查一掌金六十二歲在卯冲先天酉身亦主凶

上上格

乙丑　戊寅　段祺瑞總理　春木身旺又得卯亥會局乙
己卯　丁丑　木比助丑中獨殺午火長生是爲身旺殺旺
乙亥借一歲　丙子　且天干互得祿神又成爲交祿格故午運當
壬午　乙亥　陸軍部長及湖北都督時在壬子癸丑數年
甲戌　內甲寅年回京被忌能職隱西山乙丑年夏
癸酉　未又出長陸軍丙辰丁巳當內閣總理均在
癸運生身五十六上酉運冲卯祿會丑殺逢申酉年主大變故庚申年五月直皖大
戰而敗一掌經五十七歲身時二盤在寅申相冲亦忌

上上格

癸丑　李鴻璋伯爵　此爲水木傷官格經云火土

癸未
甲寅
乙亥五歲
戊寅

上上格

甲戌
癸酉四歲
乙酉
辛巳

上中格

壬子　傷官忌見官。金水木傷官喜見官。此爲水木
辛亥　傷官又得春木旺氣。下行一片金水官印運。
戊申　故主多智。官旺。凡戊癸化火。必主名譽大振
己酉　如鮑超張錫鑾等皆是。

戊申
甲戌　李純將軍　秋木身弱殺旺。喜行却印生扶
乙亥　丙運化辛爲水。子運酉子破貴。印皆不吉。丁
丙子　運克辛殺亦忌。惟丑會金局生癸印。故督江
丁丑　西升南京。戊運與癸化火。雖得大名。然火克
戊寅　金殺又破癸印。秋木見火則焚。無水救火生
己卯　身當有奇變。後果庚申年卒於南京督署
丁亥　熊克武督軍　冬木三朋格。身殺貴祿皆旺。

乙酉（破）
戊子（刑）
乙卯（沖）七歲
乙酉

丙戌　又刑沖二殺。其好殺可知。日缺火制殺。殺更
乙酉　得勢。二十七歲上。乙運又逢一掌經子貴運。
甲申　恰在壬子年。故任重慶鎮守使。至癸丑年因
癸未　獨立敗走。丙辰冬。因帝制起兵。又鎮守渝中。
壬午　丁巳冬入酉運。戰敗劉存厚。遂督川二年。至

庚申年。官殺相混去位。然刑沖太多。旺則沖動。故好動而少純正。甲運奪乙。尤多爭端。申運混酉殺。欠利。

上中格

乙酉
己丑
乙酉　七歲
乙酉

戊子　但懋辛師長　此與熊氏同患難。故命運出
丁亥　處。皆與熊相符。
丙戌
乙酉
甲申

上上格

辛未
己亥
乙卯　六欠三分
丁亥

癸未
戊戌　曾國藩侯爵　咸豐十一年五十一歲在
丁酉　午運以侍郎回籍練湘軍行十五年癸巳壬
丙申　運大吉後封侯爵。純陰格得丁火生輝辛殺
乙未　透露。故出將入相以乙命又得木局眞曲直
甲午　格也然初年行金火太克泄。故只得內官午
癸巳　運初練湘軍亦屢敗。癸運起乃成功
壬辰

第二節　乙命中等格局

中上格

甲申
乙亥
乙酉

甲申　張弧總長　秋木得獨殺獨印惟缺火土故
癸未　行火土運即發此爲天元一氣格。
壬午

乙亥借一歲　辛巳

乙酉　庚辰

己卯

中上格

癸酉　張紹曾將軍　九月乙木又得甲亥卯比助。

己卯　壬申　爲身旺戌中獨殺當秋令爲殺旺甲己化土。

合合

甲戌　辛未　刦化爲才爲財旺二十歲上申金貴人運留

乙亥五多三分　庚午　學日本。十五上辛金殺運當師長三十歲

合

己卯　己巳　己未運湊成木局反正又値辛亥革命即任

戊辰　綏遠都統民國二年入庚運至四年乙卯歲

回京。後又當陸軍訓練總監。上午長生運逢壬戌癸亥年當國務總理。

丙戌　李炳麟僉事　秋木缺火以火爲用而大運

官庚辰　丁亥　中初年火運已過茲取財印爲主故亥運中

比 乙酉 合　戊子　副車。戊運當財部主事至丙辰丁巳年交巳
元 乙卯 冲　己丑　土運升僉事。以後丑庚寅十五年皆吉。寅運
才 己卯 祿　庚寅　有火則乙木生輝更主名利雙全。
　　　　　辛卯

中上格

乙亥　戊子　謝持議員　冬木弱中變旺殺局亦旺丁火
己丑　丁亥　有光無愧革命巨子但冬木氣寒喜行火運
乙酉 四欠三分　丙戌　或木運生火亦吉乙運任川中都督府參事。
丁丑　乙酉　酉運當國會議員甲運化己爲財局時四十
　　　甲申　四歲起入申貴運均在廣東國會議員兼司
　　　癸未　法部次長

第三節　乙命下等格局

下上格

丁酉　蔣希患　殺重身輕而二丙爲傷官神又制

丙寅　戊戌　七殺寅申巳亥又冲破別無所取只取子水
丙申　己亥　貴人爲印而已故庚運保知事當文案子運
乙亥三歲多　庚子　到甘肅。乙巳丙午年署知事。在四十一歲內。
辛巳　辛丑　後四十三歲上辛運爲二丙所化。故己酉歲
壬寅　參官回川庚戌十月到川邊辛亥正月死皆
在辛運。此爲殺重身輕殺又受制。重行殺運。故凶。

下中格
癸未刑　辛酉　彭履生　二印生乙木丁火又生光卯亥又
壬戌　庚申　會局扶助此爲有根柢之人惜戌中辛殺被
乙卯　己未　刑。官運不亨。戌未爲財雖刑開墓庫。亦非順
丁亥　戊午　手正財
丁巳
丙辰

下中格　丁未　張星五　夏木見丙旺火泄氣辛殺又受制
壬子　戊申　卯祿刑破子貴又沖午中己土爲財亦受沖
丙午　己酉　破故財官不利富貴皆無徒恃外面壬水正
乙卯　三歲　庚戌　印生身以奔走而已
辛巳　辛亥
壬子

己丑　殺　丁卯　彭贊先　春木得二卯爲祿帮助身旺喜金
戊辰　丙寅　制乃爲有用之材見火乃有光輝今丑中金
乙卯　一歲多三分　乙丑　弱柱又缺火雖子運合丑爲財然子卯一刑
己卯　甲子　貴人欠利且爲二已同有之貴財此時可得
癸亥　小名利癸運合戊化火乃有名譽
壬戌

第六章　南方火電丙命三等九級格局

第一節　丙命上等格局

上上格

丙申　丁酉　劉銘傳伯爵　天干一氣地支三朋格秋令
丙申　戊戌　火衰得三丙一午刃助旺為弱中變旺然仍
丙午　一歲　己亥　喜行木火運幫助而下運只有金水故功業
丙申　庚子　未圓滿至四十六歲已丑運而死當二十六
辛丑　歲己亥運出仕庚運大利子運七殺沖午大
壬寅　戰得功辛運封爵丑運死

上上格

癸亥　馬玉崑提督　秋火身弱喜木火生比三十
戊戌　甲子　九歲上丙寅丁卯二十年好運故由行伍出
殺壬戌　乙丑　身門至極品中年戰功晚年清福以宋慶之
丙辰　九歲　丙寅　部將而得繼其威名交六十四歲以榮位終

合辛酉
丁卯
戊辰

雖清室厚待功臣。亦辰合酉貴所致也。

上上格

殺壬申
辛亥 九歲
丙午
庚寅

壬子
癸丑
甲寅
乙卯
丙辰
丁巳
戊午
己未

左文襄　冬日火命。雖得寅午助旺。仍喜木火運生扶。然寅被申破。寅運反忌。當洪秀全庚戌起事時。左公三十九歲入乙卯運。十年。在川駱文忠幕中。四十九歲庚申年。交丙運。始當出當面。至同治九年。逢庚午丁未。上六十歲入丁運。任陝甘總督。平新疆回部。光緒十一年乙酉中法越南之戰。起用正在午運。至七十九歲。巳運死。

上中格

辛巳
己亥

戊戌
丁酉
丙申

歐陽武都督　冬令丙火身弱。喜生扶。故三十三歲上丙運。吉。辛亥當都督。已交申金財運。與巳火刑合。故不久即罷。此爲二貴拱身

丙戌 三歲　乙未　格既無七殺。而亥官又沖。故不能久。與癸命

丁酉　甲午　與周鶴皋之造略同

癸巳

上上格

丁卯　乙巳　龍濟光郡王　身旺殺旺。旺沖則動。故子午

丙午 沖六歲　甲辰　殺刃沖動。午卯羊刃又破。巳有凶挫之象。下

丙子 殺　癸卯　行木火運則佳。故卯運帶兵。壬運當統領。寅

壬辰　壬寅　會午刃當師長。辛運督粵。從壬子年起至丙

辛丑　辰年封郡王。五十一歲上丑運。在戊午年兵

庚子　敗失雷瓊谷州根據地。損失數千萬。本人入

京請援。遂賦閒。掌經時盤五十二歲在巳沖亥。月日盤在酉亦沖卯年。故大敗。

上中格

辛巳　壬辰　周駿將軍　癸水正官。化爲比劫。別無七殺

辛卯　只得丙辛化水。化出官殺。非出自然。故主威

癸巳　庚寅　權不久。且寅刑巳祿。爲父不利。戊戌在子孫
丙寅九歲　己丑　宮。化爲比刦。亦主子嗣甚艱。少運以辛庚爲
戊戌　戊子　佳。故庚運鎮守直慶。三年。至丙辰年三十六
丁亥　歲入寅運。任川督十餘月而罷。以寅雖生身
刦刑巳祿。以二寅制二巳。故得祿不終。丑運合巳半成財局。稍可但不久

第二節　丙命中等格局

中中格
甲申　丁墓韓總領　身弱喜行火木運。故三十七
乙亥官貴　癸未　歲上巳運。在浙江統兵。辛亥年反正。巳亥
乙酉貴　壬午　沖。貴人祿馬沖坏。遂歸田未出
丙子殺一歲　辛巳
庚寅　庚辰
己卯

中中格

甲子 殺
丁丑 合
丙申 三歲
戊戌

戊寅 雷震春將軍　身弱喜火木四柱又得丁戌
己卯 甲生扶故在己運任江北提督。壬運合丁化
庚辰 木亦化山東鎮守使。午運在甲寅年任執法
辛巳 處長得震威將軍五十三歲入癸運交卸至
壬午 丁巳年又從復辟任陸軍總長數日即入獄。
癸未 戊午年出獄歸里丑子雖合丑戌一刑子申
會成殺局。故掌兵刑好殺。又因巳午運幫身。壬癸亦化木火故有二十年運以補不足。未運欠利

中中格

辛亥
辛丑
丙子 三歲

庚子 王樹柟　冬令丙火身弱。喜行木火幫身二
己亥 十八歲以前純係塞土二十八歲上戌運卯
戊戌 戌合火幫身即佳酉運得進上放四川知縣
丁酉 申運會子參官乙運開復和甘肅未運會亥

辛卯　丙申　卯成木局生身故升臬司辛亥反正回京。午
乙未　運乂當議員
甲午

中中格
辛丑　馬彝德　丙火得二寅生身丁巳火帮身壬
丁丑　庚子　殺乂合丁化木生身只取時上癸水爲正官
壬寅　己亥　爲去留官格行丁運帮身助旺當京師高等
丙寅六歲多　戊戌　檢察長酉運會巳丑成財貴局更利運丙尤
癸巳　丁酉　吉
丙申

中中格
庚戌　姚鴻法少將　丙火生秋令得酉金局貴人
殺壬午刃　辛亥　大旺辰酉又合金財亦旺惜丙辛化水將丙
食己酉貴　壬子　火化弱喜行土火帮身乃能任殺故二十三

元　丙辰合　八歲　癸丑　歲上亥貴人運亥卯合木生身即在山西統
才　辛卯　甲寅　兵以後運平平至甲寅乙卯乃佳
乙卯

第三節　丙命下等格局

下上格　甲申　庚午　萬順生議員　丙火生夏令得巳祿幫身但
合合　辛未　亥巳一冲二巳土又洩氣惟三十八上酉運
己巳　壬申　會巳成財局稍利故酉運以議員辦大選後
丙子殺三多三分　癸酉　放淮關監督惜亥子官殺混巳申又合不能
己亥官　甲戌　冲去亥官子又合申亦不能顯殺爲用只取
乙亥　巳爲旺祿合申財以成中等財官而已

下上格　壬寅　謝仙舟知事　丙火生春令得午刃丁火幫
丁卯　辛丑　身二卯生身皆吉惜子午冲午卯破美中不

癸卯 七歲　　庚子　足喜行土火運故戌運合卯成火局丁運亦
丙午沖　　己亥　火故由知事入京曹酉運欠利
戊子　　戊戌
丁酉
丙申

下中格　　癸卯　賴保華知事　三月丙命又得丙丁與甲卯
丁卯　　壬寅　木生扶申財雖化爲殺然身旺殺旺亦主職
甲辰　　辛丑　司刑獄惟終身財少而已亥運會卯任知事
丙子 七欠　　庚子　戌運合卯任征收終無餘貲
丙申　　己亥
戊戌

下下格　　乙巳　韋潤珊　夏令丙火身旺又得乙丙丁木火

丁卯　　甲辰　透出寅午與卯未木火生扶身旺已極。惜四
丙午　　癸卯　柱無水則無官缺金則無財。即行庚辛財運。
丙寅 三歲　壬寅　又被四柱丙丁火奪去。雖行壬癸官殺運。而
乙未　　辛丑　丁壬又化木。只成一世寒儒而已。子運冲午
　　　　庚子　刑卯破未。主凶。

第七章　南方火雹丁命三等九級格局

第一節　丁命上等格局

上上格

　　　　壬申　袁世凱總統　丁命生秋令化去夏時之火
食 己未　辛未　炎土燥而成秋陽之清光。又得時上丁火日
殺 癸酉 貴人　庚午　下巳火助之。身已變旺。時上七殺。恰坐酉貴
元 丁巳 帝旺 一歲　己巳　旺令。而酉巳又會金局。成爲純陰格。喜行火
比 丁未　戊辰　運。故巳運巡撫山東。戊運與癸化火任直隸

丁卯　總督。北洋大臣。並入閣甲辰運革職歸田。丁

運任總統。卯運沖酉長生貴人。故死於丙辰年。時五十七歲。

上中格

甲子

甲戌

丁巳 七歲

甲辰

乙亥　黎元洪總統　丁火生秋令。得三甲生扶。已

丙子　火帮助子為正官。會辰戌官局。因官殺未透。

丁丑　故威權不顯。因生扶太多。故能得庸福。卯運

戊寅　合戌為火。又值丙辰年。沖出水火帮助。故當

己卯　總統一年。庚運為財。又逢壬戌年沖開辰戌

庚辰　庫。亦當總統。然辰中癸水為正官。沖出與子

中壬癸混。故迭見駁雜。

上中格

印 乙酉 貴

官 壬午 祿五多

辛巳　徐樹錚中將　五月丁火巳旺。又得午寅火

庚辰　局生旺。故氣旺性剛。幸二壬為正官來制合

己卯　酉亥二貴。又夾拱。故成官祿大格。然卯運沖

元 丁亥 貴 合
合合
官 壬寅 長生

戊寅 酉破午貴祿見破美中不足戊運洩氣尤凶。
丁丑 故下野兆亡寅運以後十年大利
丙子

上中格

辛巳 趙惟熙上將 丁火雖得旺令而木庫沖坏。
庚申 壬午 根本不堅。又無木火帮助。只見金水太旺反
庚辰 癸未 成身弱不能任財故清貴有餘富厚不足二
丁未七歲 甲申 十七歲起出輛林得御史內用多年。到乙運
辛丑 乙酉 放寧夏道缺辛亥年任甘肅都督正在西金
丙戌 貴人運又回京當參政院參政丁巳年九月
卒於京。正上酉運。以丙奪丁光。丙辛化水也

上中格

壬戌 王揖唐總理 九月丁火雖弱。然得寅已丁
戊寅 癸亥 生扶未刃已火又拱午祿。故少得詞林入仕

辛酉貴人　甲子　官後行至丑運三十六歲起當吉林巡按使。
丁巳一歲　乙丑　得勸四位在甲寅乙卯年以丑會酉巳金局
丁未　丙寅　也四十一歲入丙火運奪丁光欠吉寅運刑
丁卯　巳欠利丁運住
戊戌　李自成張獻忠之惡造　李張同一命惟張
丙戌　己亥　係辛亥時生亥爲七殺下沖巳火上又合丙。
丁酉　庚子　化水爲殺故張較好殺然李四十三死張四
丁巳　辛丑　十八死以亥爲一掌經之天壽星也李得二
庚戌　壬寅　戌爲天魁故成闖王
癸卯

第二節　丁命中等格局

中上格　乙未　唐汝謙　此爲殺刃格癸殺坐卯長生丙辛

辛未　甲午　又化殺。下帶二刃故任兵符。現上辛財運更
丙申　癸巳　住。
丁未九歲　壬辰
癸卯　辛卯
　　　庚寅

中上格

乙卯　甲申　金永巡按使　秋日丁火、喜得印刦生助、行
冲
乙酉　癸未　木火運大發、三十七歲上辛運。捐道員在天
丁未七欠　壬午　津候補、二十年不動、甲寅年忽放山西巡按、
丁未　辛己　正入卯運本忌與甲乙丙年會故吉至丙辰
　　　庚辰　夏袁氏死後。乃告歸爲火土傷官忌見官格
　　　己卯
　　　戊寅

中上格

戊寅　銒傅善次長　此爲純陰格。又爲二貴夾拱

乙亥 貴八　丁丑 格仍喜木火生扶故乙運任重慶知府正三
己卯　丙子 十七歲至三十九歲任江西財政廳又放陝
丁丑 三歲欠　乙亥 西財政廳署省長在乙卯年至丙辰年回京
己酉 貴八　甲戌 又任財政部次長丁巳年上甲運已沖亥貴
癸酉 甲合已土洩氣與段總理不合能職逮捕私
逃然得財不少以丑酉會財局故也此與徐又錚相似而無正官拱祿故氣薄

辛丑　癸巳 丁心齋侍從　丁火生夏令得午祿與卯戌
甲午　壬辰 合火甲又爲印生身更旺惜庚辛丑中財太
丁卯 五歲欠　辛卯 旺故忌行財運一到寅運會局生身則機會
庚戌　庚寅 重重後果以侍從兼多差
己丑
戊子

乙亥　梅蘭芳伶人　丁命生於霜降後本弱幸爲
丙子　午戌火局幫身二甲一卯爲印生身酉財又
丁丑　爲長生遂將丁火助旺任財但卯爲桃花上
戊寅　乘癸殺爲桃花帶殺沖克本身宜爲伶人然
己卯　午祿酉貴俱全三印又生二十六歲入丁運
庚辰　身旺任財宜其名噪一時揮霍數十萬也前

甲午
甲戌　六歲
丁酉　辰
癸卯

在子運爲殺又會成子午卯酉故寒賤不堪

第三節　丁命下等格局

甲午　羅廷欽主事　火炎土燥喜行金水三十一
癸巳　歲上辛運當主事五年二十七上卯運會未
壬辰　亥木局生身本有際遇惟木火太旺反主駁
辛卯　雜故三十八歲逢戊午年因訟入獄己未年

辛巳
乙未
丁午　三歲欠

辛亥　庚寅　又辦銀行。然空空妙手。未得實惠。己未年因

己丑　銀行事反入獄死皆在卯運。此旺行旺地。不

知斂抑之過也。

乙卯　甫生先生　丁火生寅月有根。然二申一冲

戊申　丙辰　二戊一泄。僅恃酉貴一點衰氣。故名利皆小

甲寅　乙巳　且傷官見申中壬水爲官。故一生事多不遂。

丁酉　戊午

戊申　己未

庚申

庚午　黃鳳歧　四月丁火本旺。又得己午助之。亦

甲申　辛未　吉。然丙奪丁光。甲己土又洩氣。雖有木火。亦

己巳　壬申　去生丙。凡事多仰人乃成。然獨得干祿與財

丁酉　六歲　癸酉　局。亦有人緣可爲。
丙午　甲戌
乙亥
己亥　盧長榮　冬火而金火又旺。善行木火運生
辛丑　戊戌　扶。本大運多木火。足以補之。亦可造之格也。
庚子　丁酉
丁丑　六歲　丙申
甲辰　乙未
甲午

第八章　中央土電戊命三等九級格局

第一節　戊命上等格局

己巳　此前清康熙皇之造　天干三朋格二午爲

甲午　　庚午　陽刃夾申辰財局于丙甲爲七殺蓋頭又爲
戊辰　　辛未　殺刃格身殺財刃俱旺大運又佳又坐申爲
戊申　　壬申　長生驛馬前後刃拱宜其爲福壽與王也
戊午　　癸酉
　　　　甲戌

壬戌　　庚戌　張懷芝總長　秋令戊命又得戊已午戌生
己酉　　辛亥　扶不見木爲官殺爲傷官傷盡所謂火土傷
戊申五歲　壬子　官忌見官恰得傷官正格下行癸丑甲寅乙
戊午　　癸丑　皆大利寅運會午戌尤佳故寅運督魯乙運
　　　　甲寅　當參謀長卯運冲酉欠利
　　　　乙卯

戊申　張之洞相國　此爲火土傷官格經曰火土

丁酉
己酉
戊辰　五歲
辛酉

甲戌
甲戌
戊辰　借一歲
戊午

丁未　傷官忌見官。金水木傷官喜見官。故未運中
丙午　進士。午運放主考。乙運當京官。己運任廣西
乙巳
甲辰　臬司。兼巡撫。甲運督兩廣。辰運督兩湖十餘
癸卯　年。寅運入相。辛運死
壬寅

乙亥　蘇錫第次長　丙戊以兩甲爲殺。辰戌沖出
丙子　獨財。仍喜木運生火以生身。柱有午戌到寅
丁丑　運會局大利。雖甲子旬空戌亥。然辰戌將旬
戊寅　空沖實。故寅運當軍需司長。卯運當財政部
己卯　次長。均獨財主事
庚辰

己未　曹錕大總統　天干地支皆三朋格。夏令火

戊午　庚申　土大旺。身旺已極。喜行水木運。故癸亥以後
己未　辛酉　由師長升巡閱使。至乙運爲總統。此係前數
戊午五歲　壬戌　年。得自了明和尚者。今又有以壬戌年庚子
戊午　癸亥　日生來告。不知誰確。並錄以備考。
甲子
乙丑

第二節　戊命中等格局

丁未　楊文度　身旺殺印亦旺。爲炎上與殺刃格。
壬辰　戊申　現雖文職。將來必是武將。以六月火炎土燥
丙午　己酉　喜金水爲大病大藥。今柱中有壬水運中一
戊戌一歲　庚戌　片金水。即是發福之年。十八歲入銓局。即在
甲寅　辛亥　中運在二十八歲。西運中吉。庚運會甲戌庚
壬子　三奇。主有奇遇。惟戌太旺主凶。交四十一歲

後二十年。出將入相矣。但時上七殺無制。戌中金又冲。主無子。

戊寅　壬戌　戊辰　戊午　三歲

癸亥　甲子　乙丑　丙寅　丁卯　戊戌

黃金鰲道尹

秋土雖冷。上有三戊。下會火局。即成火土旺氣。又得壬水爲財。清純已極。是以炎上格而帶殺刃者。主掌兵權。三十三歲上丙運。任川東道尹。及重慶獨立出兵等事。三十八歲上寅運。又逢甲寅年。爲二殺重見。故被逮入執總處年餘始出。丁運川北道

乙丑　癸未　戊申　戊午　十歲

壬午　辛巳　庚辰　己卯　戊寅

胡峻道尹

火炎土燥。身旺官旺。二貴冲坏。午刃被合。喜行金水爲藥。再行火土爲病。辰運點輪林。以會申成水局也。卯運未爲木局助官星。又逢癸丑甲寅年。故在川當議長。戊運會成三戊。又逢丁巳年。放川東道尹。未到

丁丑　任。以上多刦財故也。

丁丑
癸丑
戊戌　五歲
己未

壬子　顧巨六局長　冬令土冷水寒戊土雖旺而
辛亥　丑未二貴一冲丑戌又刑。與乃舅胡保生相
庚戌　同。可見遺傳有據。以木火爲用。未中僅一乙
己酉　木爲獨官。又被冲。下運又無木火。只以壬寅
戊申　年卿舉。甲寅乙卯年在酉運。當局長亦爲傷
官傷盡格。

甲戌
乙亥
戊子
癸亥

丙子　湯化龍總長　冬日戊土寒荒。得時上癸水
丁丑　化火。甲乙木又生之。則寒土變暖。使萬物回
戊寅　春。戌亥子水之眞陽透出。故主多才多智。喜
己卯　行火土運帮身。故寅戌卯戌皆合火。己甲合
庚辰　土又助之。故己運任議長。卯運任總長。庚運

辛酉
庚子
戊戌三歲
甲寅

辛巳　合乙化金泄氣。又克甲殺逢戊午冲子。故死
己亥　譯啓瑞道尹　冬土氣冷。喜火爲用。金水爲
戊戌　病。故二十三歲上丁運。點翰林。放主考。三十
丁酉　三歲。在榮相幕中。當全國營務處長。乙運出
丙申　任潼關道。未運任湖南藩司。未久交辛亥反
乙未　正。損失一空。以未貴被子破戌刑故也。甲運
甲午　重殺。駁雜異常。家成四璧。午運會印局冲子
癸午　病復起。癸運化火。又往南京局長。

第三節　戊命下等格局

戊子
甲寅

乙卯　余湘清　正月戊土命元。甲寅殺重。幸得丁
丙辰　火洩殺生身。寅爲長生。巳爲祿神。午爲陽刃。
丁巳　一番生旺之氣。殺刃財祿俱全。詢有造之人

戊午四歲　戊午　也。戊午已未二十年。大運生扶尤佳。惟已運
丁巳　己未　被寅殺刑。克妻損子。申運冲寅。又被已刑。更
庚申　忌。
戊戌　周潤生　冬土喜火爲用。而午火被冲。官殺
辛未　丁酉　不透。少行丙丁運稍可。餘皆欠利。惟癸運會
己亥　丙申　戊化火生身大吉。已午運刑冲反忌。故癸運
戊午二歲　乙未　升主事。不免寒士奔馳。
壬子　甲午
癸巳
甲申　闡秘書　夏土得癸化火。寅戌火局。爲火土
庚寅　乙酉　炎燥得壬水滋潤。爲有病有殺。但殺貴被刑。
癸未　丙戌　美中不足。行水運即利。子運會申成水局。尤

戊申 四歲　丁亥 吉。
壬戌　戊子
己丑
丁丑　己酉 郝毓生　秋土氣寒。金又泄之。則身弱。丑戌
戊申 又刑則無助。取火爲用。只可得財。丑未二貴
庚戌　丁未 相沖。難望成名。故丙午運中得財數萬。當銀
戊午 一步　丙午 行總理。十年。四十一歲入乙運合庚泄氣。因
庚申　乙巳 無子納妾。求擇一周堂期。予取丙辰年八月
甲辰 二十八日乙丑日申時於六壬合金水局。故
娶後百日內即孕男生子。交甲運殺旺入獄。

第九章　中央土電己命三等九級格局

第一節　己命上等格局

甲戌　蕭子廷武官長　冬令土寒。喜火生。運木行
己巳　癸酉　火放光明。獨殺蓋頭威望重。三朋純陰謀略
乙亥　壬申　深。午運大利。己沖亥。己酉會局利後人。
己酉　欠　辛未
己巳　庚午
己巳
辛卯　李思浩財總長春土得二辰一戌比助。又得
辛巳　庚寅　己爲獨印生身。身旺任財。又坐亥沖動己火。
壬辰　己丑　沖動財印。故行子運半會財局。大隹。歷任財
己亥　十歲　戊子　部總次長。
戊辰　丁亥
丙戌

己巳
壬申
己卯　三歲
戊辰

乙亥
癸未
己亥　十歲欠
辛未

辛未　袁乃寬督辦　財旺生殺。身旺任財。故上丁
庚午　運。化木。爲殺印相生。卯爲七殺正運大吉。此
己巳　時係壬子至丙辰年。袁世凱時。此五年內以
戊辰　糧餉局總辦。發財數百萬。
丁卯
丙寅

壬午　曾雲沛總長　巳土夏旺。乙殺癸才均透天。
辛巳　財官均利。惜木殺太多。亥癸均變爲殺。身弱
庚辰　不能任財。宜火土運生扶乃吉。故辰巳運大
己亥　利。卯會殺局。故下野。戊運合癸化火。當復起。
戊寅
丁卯

甲戌
戊辰
己酉
戊辰

己巳　吳佩孚巡帥　吳將軍之造前有以癸酉庚
庚午　日來告者已列入後庚命內七殺透天酉刃
辛未　在年戊癸又化殺頗似其入令又得此與庚
壬申　命太遜只取土旺與甲官而已然武職多用
癸酉　殺文職多用官以官較純正殺有威聲也惟
甲戌　己坐酉金在六壬三月太陽到酉宮故爲三
月月將令二辰合酉爲魁罡拱將格然此爲六壬說在子平則只取氣魄純厚魁罡
拱命格錄以備考

乙亥
己卯
己卯　六欠

戊寅　張作霖巡帥　二殺透天又逢春令殺旺身
丁丑　輕喜行火土運帮助水木運次之下行丙丁
丙子　運甚佳亥運以財生官亦吉甲運合己化土
乙亥　帮身大旺故督三省與蒙疆然甲木爲正官

乙亥　甲戌　雖是化土。在二月化而未盡。仍留甲官混殺。
癸酉　故壬戌直奉之戰。不免小敗。現行戌運。火土
幫身一生精華在此。

乙亥　戊寅　此警廳執法科長羅君超凡之造。與張作霖
己卯　丁丑　隔十日生。命元亦同。而丑丙生扶。較爲有力。
己丑七殺　丙子　惟時上寅木正官。與乙卯七殺相混。雖寅未
丙寅　乙亥　透出。應取去官留殺格。然有寅內藏甲戊丙。
甲戌　不但戌運甚佳。即癸運合戊化火亦美。此較
癸酉　張運尤長。

己丑　己巳　鄧錫侯省長夏令火炎土燥。喜見金水。柱中
戊辰　有金水濟之。乙殺有制。己土扶多。身殺俱旺。
庚午　丁卯　現行丙運。助殺有光。寅運合午生。身化官爲

己巳六歲欠　丙寅　印。本吉惟寅巳一刑。官印有變。幸合午爲印
乙亥　乙丑　轉吉。
甲子

第二節　己命中等格局

戊辰　高紹陳司令　純陰身旺。殺刃當權。財印沖
己未　丁卯　坯。主文武全才。乙丑十五年。皆當知事。惟丑
己巳　丙寅　沖未刃。幾犯危險。乙爲七殺。甲爲官殺混亂。
己未五歲　乙丑　皆駁雜。子運後當京兆警備總司令。得平安。
甲子
乙亥　癸亥　然刧多餘少。
壬戌
甲辰　孫仲仙　土厚氣旺。乙殺透天。偏財歸庫。故
丁丑　癸卯　金水運皆佳。在辛運內。辦鐵路發數十餘萬。

乙巳　　壬寅　現辦銀行。子運尤佳。
己丑四歲　辛丑
戊辰　　庚子
　　　　己亥
　　　　癸亥　袁弼臣議員　秋土雖多。冲泄身弱。喜行水
戊辰　　甲子　土爲上。火運次之。壬水化丁爲木。美中不
壬戌　　乙丑　足戊辰己巳運大佳。
己巳三歲　丙寅
乙丑　　丁卯
　　　　戊辰

第三節　己命下等格局

庚申　伍廷生　夏日火土身旺。水金太少。而甲寅

戊辰　辛酉　又泄。寅巳又刑。火炎土燥。比刦太重。亥水爲
己未　壬戌　藥。又化成殺。主一生勞碌。行水運方利。
己亥八歲　癸亥
丙寅　甲子
　　　乙丑
　　　乙卯　吳天成　三月巳命。火土巳旺。比刦又多。所
癸未　甲寅　賴癸水用神。又與戊化化火。下行水運乃佳。餘
丙辰　癸丑　欠利。
己丑　壬子
戊辰　辛亥
　　　庚戌

第十章　西方金雷庚命三等九級格局

第一節　庚命上等格局

癸酉
丙辰
庚寅　一歲欠三分
戊寅

乙卯　甲寅　癸丑　壬子　辛亥　庚戌　己酉　戊申

吳佩孚巡師　此殺刃格也。三月庚金本弱。得辰戊二印生之。酉刃助之。遂變弱爲旺。又得丙殺透出。戊癸又化殺。故威風懍懍。銳不可當。四十一入辛運。幫身雖吉。然丙辛化水。泄氣。又忌亥運合寅爲財。中吉。逢庚申辛酉行年大利。五十一交庚運更吉。戌運冲辰提綱。殺印冲坏主凶。至己又酉運利。友人又以己酉日主來告者。皆錄以備考。

壬戌
壬子　九歲
庚子

癸丑　甲寅　乙卯　丙辰

曹仲珊總統　此造水冷金寒。雖喜丙火爲用神。然冬令得三子二壬。泄氣太甚。少年寒微。固與此合。惟庚金氣魄薄弱。雖丙殺蓋頭。四柱皆爲純陽。究恐身弱難勝重任。核與事

丙子

丁巳　實不符。幸四十九歲上丁運。丁壬化木爲財。

戊午　巳運又爲庚金長生。可以扶搖直上。以前四

十四歲上辰運沖戌。將火庫沖開。七殺始顯。然身弱殺重。辰子又化水局泄氣。亦非

所宜。若以戊命內天地三朋格合之。則氣魄沈雄。乃合身分。

甲寅　張錫鑾上將　身弱變旺。喜行金土生扶運。

癸卯

癸丑　壬子　初年行水運太坯。四十一歲上庚運。始從知

乙卯

辛亥　庚戌　事起至申酉運。任巡撫將軍。丁運任奉天將

庚辰　刃一歛

己酉　軍。現在八十二歲。在丁火運。作官貴生身。人

戊寅

戊申　丁未　倘康強可稱富貴壽考。此造取寅中獨殺爲

丙午　根。又有戊癸化火爲光耀。表裏兼賅。故威鎮

一方。到老不衰。且時得天福。故主晚年福壽

乙卯　姜桂題上將　四月初七未時立夏交四月

癸卯
丙辰
庚申　十歲
辛巳

辛酉
甲午
庚戌　八歲
庚辰

甲寅　節。今生在巳時。仍以三月算命。身弱喜生扶。
癸丑　宜行金土運。五十歲交辛運即任統領。愈唱
壬子　愈高。庚運升提督。酉運出任熱河都統。與張
辛亥　金波同爲富貴壽考。惟張有戊癸化火。故以
庚戌　文兼武。姜純用七殺。故純爲武將。死於辛酉
己酉　臘月。時七十九歲。酉運已完。

癸巳　徐紹楨上將　弱中變旺。殺刃皆强。又得金
壬辰　土生扶。更有担當。故初學刑名中文舉。皆在
辛卯　辛卯運。留日陸軍歸國。以道員任統制。及營
庚寅　務處。皆在庚寅運。辛亥反正。前任江北提督。
己丑　入南京當衛戍總督。得陸軍上將勳二位。皆
戊子　在己運。五十三上丑運。到京辦銀行。可見行

辛酉
丙申
庚子
丙戌

乙未
甲午
癸巳
壬辰
辛卯
巳丑
戊子

金土之証。子運欠利。

王士珍總理　秋日庚金。又得申酉祿刃。二丙七殺透出。爲本身七殺。故歷任專閫。但時逢七殺。多無子。所缺在此。辰運起三十年大利。子運欠吉。

第二節　庚命中等格局

庚午
戊寅
庚辰　一歲

巳卯
庚辰
辛巳
壬午

蕭方駿秘書　正月庚金。又得戊己辰土生扶。庚年比助。身弱變強。寅午火局在下。丙主文明。喜行金土運。不殺故不武。至癸運會戊化火。透出官殺。乃佳。甲運會戊庚三奇。又有

己卯　癸未　奇遇。中運沖寅。破官祿。欠利。
甲申
壬戌　公府侍從劉荆山　秋金得辛戊生扶。酉刃
戊寅　癸亥　幫助。大旺。喜得寅中丙火七殺爲用。爲財。故
辛酉　甲子　行火木運皆佳。三十一歲上乙運起。三十年
庚寅　借一　乙丑　大利。
戊寅　丙寅
丁卯
甲寅　李小岩中將　水冷金寒。喜丙丁。金水傷官
壬申　乙卯　喜見官。茲又身旺。獨才生官。主木火運大發。
癸丑　丙辰　戊運會癸化火大利。惜四柱無火。只借大運
庚申　九歲　丁巳　補之。故威權難行於外。後果戊運大利。

庚辰　戊午
巳未
壬子　戴維周中將　冬金水冷金寒。得丁火爲用。
丁丑　辛亥　三十一歲上戌運。會午成火局大利。巳運正
癸丑　庚戌　印生身。以軍人致富。四十一上酉運。合丑破
庚子六欠三分　己酉　子。故賦閒。四十六歲上戊運。與癸化火。蹶而
壬午　戊申　復起。故癸亥年又辦鹽務。此五年尤吉。
丁未

第三節　庚命下等格局

戊戌　壬順齊庚命坐申祿。又得辛金帮身。巳爲長
辛巳　丁酉　生。巳爲正印。甚吉。惜申亥一害。己申一刑。巳
己亥　丙申　亥一沖。故無子。巳官沖壞。故官不顯。然乙未

庚申 五歲 乙未 十年。乙庚化金。爲正財。未官又生身。故此時
壬辛 甲午 名利皆吉。
癸巳
辛丑 袁仙舟 庚金得丁爲正官。人必純謹有爲。
丁未 庚子 丁壬化木爲財。寅又爲旺財。未貴又生身。財
壬寅 己亥 官印食皆全。惜丁官化財。有官不顯。四十五
庚子 五多三分 戊戌 行丁運乃佳。少年仍爲寒士。戌運會寅沖辰。
庚辰 丁酉 始入佳境。
丙申
壬申 何茂萱 八月庚金。又得酉刃會金局。己丑
己丑 辛未 爲印殺生旺。本吉。惟午官沖坏。酉刃又破壬
癸酉 庚午 癸子又濫氣。故文武皆不成。惟得丑貴一重。

庚子 五欠　己巳　雖被午破。亦得小名。將來上己巳戊運大佳。
壬午　戊辰　因戊癸化火己酉丑會金局故也。
丁卯
辛酉　唐紹欽教員　秋金身旺。戌土生之。巳又爲
癸巳　庚申　長生。本吉。惜壬癸亥水洩氣太甚。巳長生又
壬戌　己未　被亥冲。欠利。然己未戊午二十年大利。未運
庚寅 四歲　戊午　爲貴人。會亥財名利雙收。戊會癸化火。名噪
丁亥　丁巳　一時。此命中平而行運甚佳者也。
丙辰

第一章　西方金旺辛命三等九級格局

第一節　辛命上等格局

上上格

己丑　宋慶提督少保　冬金得子辰金局。水冷金

庚辰　庚寅　寒。主少年微賤。只取二印透出、未中丁火獨
戊子　辛卯　殺爲用。喜行木火運。故癸巳戊午二十年。威
辛未五歲　壬辰　望蓋世。以戊癸化火。巳又爲金長生也。甲運
戊子　癸巳　會戊庚成三奇。午運冲子合午。去病更吉。七
甲午　十五歲入丙運。合辛化水。故死。

上中格

庚寅　張作相省長　二月辛命本弱。今上得四辛。
辛巳　己丑　下得己丑。暗拱酉祿。天元一氣。地支半合。固
辛卯一歲　戊子　爲奇特。現在丙運身旺。喜官。將來酉運會局。
辛丑亥　丁亥　冲動財祿。恐有意外。
辛卯　丙戌
乙酉

上上格

己未　徐邦傑上將　此造亦二印透出。庚金帮身。

戊申　庚申　寅巳火木刑冲不取只取午火獨殺爲用。然
戊午　辛酉　午火會寅二貴夾拱。福澤尤大。戌運會寅午
辛巳八欠　壬戌　即大發。癸運會戊尤顯。惜亥運冲巳。子運冲
庚寅　癸亥　午。雖無栄慶之際遇。然印貴生拱。亦得上將
甲子
乙丑　上壽。可見生才相同。過合亦等也。

上中格

癸丑　甲子　張炳華都督　此爲水冷金寒喜丙丁之格。
乙丑　癸亥　取寅中丁火一重爲正官。喜行火年運即發。
壬戌　下運無火。只于戌中刑出火。故此時以知事
辛丑八歲　辛酉　入仕。至巳運由實業司任甘肅都督。氣運不
庚寅　庚申　旺。只當數月。至丙辰年入未運。冲丑即死。此
己未　造在一掌經爲三權格。故任督軍。

上中格

壬寅　藍天蔚都督　春金身弱。喜戊戌丑土生扶。

丁丑　辛丑　丁殺蓋頭。故戊戌己酉庚子年在奉天當協
癸卯五歲　庚子　統。辛亥反正。由奉逃出。又在烟台當都督。在
辛卯　巳亥　己運內上亥運在川鄂間獨立。辛酉春大敗。
戊戌　戊戌　自戕於重慶。以二卯冲酉祿。又逢春令卯月
　　　癸酉　冲酉故死。如能安命固守至戊戌十年。當大
發展。然辛金氣薄。終難勝大任也。

第二節　辛命中等格局

中中格
戊寅　公府侍從梁國棟　冬冷金寒。喜丁火七殺
甲戌　己卯　爲用。故有威權斷制。然丑戌二印冲坏。有殺
丁丑　庚辰　無印。己運當隊官。殺吳祿貞統制。名震一世。
辛卯一歲多三分　辛巳　卒無上賞。壬運升侍從。午運爲貴人會戌尤
辛卯　壬午　吉。然午丑午卯破害。亦美中不足。

癸未

中上格

癸亥
癸亥
辛卯 七歲
乙未

壬戌　高增爵省長　冬令辛金。亦爲水冷金寒喜
辛酉　丙丁之格。故交己運中舉。以即用知縣到川
庚申　十年。升至巡警道。辛亥丁憂回陝。又任陝西
己未　省長。皆在戊運化癸爲火。午爲貴人運。合未
戊午　中丁殺。在京賦閒。財產大損。戊午年除夕。又
丁巳　遭大災。恰脫午運。皆因午破卯財之故。丁殺
運更欠。

中中格

辛未
甲午
辛巳 一歲

癸巳　李覲凡財主　五月辛金本弱。辛得金木生
壬辰　扶。乃得平平。然午貴被子冲。官貴無取。惟取
辛卯　年月甲木合得正才歸庫。故家成百萬。亦先
庚寅　人餘業也。

戊子　己丑

戊子

中上格　庚戌　呂海寰京卿　二貴拱祿格。身旺財旺。又爲

壬寅　辛亥　獨財。故交甲寅乙卯運。即成百萬巨富。位至

己酉　壬子　京卿。雖爲西太后賞識。却非封疆大員。

辛巳借一歲　癸丑

庚寅　甲寅

乙卯

第三節　辛命下等格局

下上格　辛巳　汪星南　夏金坐酉祿。會丑幇身。辰酉又合

乙丑　庚辰　金助之。弱中變旺。惜二壬泄氣。午貴破丑。美

壬午　己卯　中不足。喜行金土運。故己戊運。當監督。丁丙

辛酉八歲　戊寅　運不利。
壬辰　丁丑
丙子
辛卯　徐恩永科長　正月辛金身弱。以水冷金寒
丙子　壬辰　喜丙丁論。又喜火運。但丙火合辛化水。丁火
庚寅　癸巳　見丙。爲官殺混。只喜金土運。乃吉。故辰癸水
辛亥七歲三分　甲午　運皆差。己丑會金局。比助差可。然寅又刑巳
己丑　乙未　美中不足。甲己化土爲財運。故任銓敘局僉
丙申　事。科長。午爲貴人。七殺有名無利。然午子一
冲。妻子不利。乙未十年亦佳。一掌經得天貴天福亦吉。
丁亥　林世灝翰林　辛金生冬令。爲水冷金寒。喜
乙丑　丙戌　丙丁。四柱取丁殺爲用。木運生火炙之。故甲

戊子　乙酉　乙運中。在鄂候補道員。癸運點翰。以戊癸化
辛亥一歲　甲申　火也。壬運合丁火化木。在京當議員。午運吉。
丁酉　癸未　惟沖子破酉生祿位。欠完美。
壬午

丙戌　庚子　陸金生上校　冬令金寒。喜得丙火正官爲
辛丑　用。下行寅木貴人運。又合戌成火局。故寅運
己亥　壬寅　當偵探長。驟發富貴。癸運與戊化火。亦在湖
辛未借一歲　癸卯　南任偵探。亦吉。卯甲乙已皆木火美運。惟辰
戊戌　甲辰　運沖破火局。成水冷金寒不美。然有此三十
乙巳　年奸運。亦頗難得。如修德善守。亦可度過。辰
運。

第十二章　北方水電壬命三等九級格局

第一節 壬命上等格局

上上格

癸亥 壬戌 壬戌 庚戌

辛酉 庚申 己未 戊午 丁巳 丙辰 丁卯 甲寅

蕭山毛西河學士壽八十五歲 壬水秋生得旺氣。支上戌亥。爲殺爲祿。有水歸滄海之象。戌中丁火爲獨財。戌爲獨殺。庚爲獨印。金水一氣。大海茫茫。氣象萬千。眞得天地間氣也。

上上格

辛未 丁酉 壬戌 丁未

九歲

丙申 乙未 甲午 癸巳 壬辰

洪秀全天王 身旺而官殺爭權。事多駁雜。再行官殺運即凶。故庚戌年四十歲。道光末年起事。正在癸運內。越十五年同治三年甲子。至辰運而敗。在江南稱天王。改國號太平天國。後爲曾國藩所敗。

上中格

甲申
辛未
壬申　九歲
戊申

上上格

甲寅
丙子　七歲
壬戌
戊申

辛卯
壬申　尹昌衡　身弱喜行金水運生扶。故在癸運。
癸酉　出洋歸國。在川治兵。酉逢又逢辛亥年。當四
甲戌　川都督。壬子癸丑年。當川邊經畧使。甲寅年
乙亥　交甲運泄氣。入京請餉被逮。
丙子
丁丑
丁丑　張勳上將　冬水身旺。又得水火局助之。喜
戊寅　行火運。武人喜旺。亦宜行金水運生扶。故己
巳卯　運爲貴人。任南京提督。辛亥反正時。從南京
丙辰　冲圍出。駐兵徐州。皆在巳壬運。至丁巳年交
辛巳　午運。冲子刃。遂行復辟事敗後。全軍盡沒。以

上中格

丙午
庚寅　借一歲
壬午
丙午

己巳
癸酉
壬申　十歲

壬午　午財沖子刃。過剛則折也。凡陽刃沖動。皆主
凶危。此人如有學識。必不致敗。
辛卯　宣統帝　身弱喜行金水運生扶。故三歲爲
壬辰　帝。在辛運。六歲上卯木貴人運。泄氣。且與午
癸巳　破。故失位。然癸巳十年。恐有變化。到甲運泄
甲午　氣太甚。恐大不吉。
乙未
丙申
壬申　段芝貴總長　金白水清。身旺已極。官刃生
辛未　合。文武兼長。下運從壬起辰止。五十年好運。
庚午　雖戊殺與己官相混。然戊癸化火。辰酉合金。
己巳　化爲財印運主。運雖復雜。却得平安。或因禍

庚子　　戊辰　得福。餘皆吉。故未運正官當警道。庚運任黑
丁卯　龍江巡撫。午運沖子刃被參。己運又當軍長。
奉督丙辰年四十八歲。在己運。長陸部。交戊運後。即賦閒矣
壬寅　　癸丑　張有亮總督　天干一氣。又會水局長生羊
壬子　　甲寅　刃身旺已極。專取寅宮戊殺丙才成獨殺獨
壬申　三歲　　乙卯　財爲用。三十三歲上丙辰。三十年火土運即
丙辰　大發。後任兩廣總督。在午運內己運內壽終。
壬寅　　丁巳
戊午
甲申　程平齋軍門　秋水得金局生旺。喜行火土。
乙巳　　壬午　故行壬午辛巳火旺五十歲。交己運解職。
乙酉　　辛巳

壬戌 十歲　庚辰
丙午　己卯
戊寅
丙寅 袁克定 壬騎龍背格。冬令天寒水冷。宜見
戊寅　丁卯 陽火。乃成雷雨經綸。故取寅中丙火爲用。以
乙丑　戊辰 木火運爲上吉。三十九歲丙辰年上己運。官
壬辰 九歲　己巳 殺混。丁父艱。四十二歲己未年。丁毋憂。上己
庚子　庚午 運即大發。庚午運亦佳。餘平平。
辛未

第二節 壬命中等格局

中上格　己亥 李道江道尹 秋水氣旺。又得庚戌殺印透
丙寅　庚子 出。自是有胆有識。下會火局爲財。身旺財旺。

戊戌　辛丑　故富稱百萬
壬午九歲　子寅
庚子　癸卯
甲辰

中中格
癸酉　顧瑗　此與段芝貴同是身旺。但己官被甲克合。又有戌殺以混官。子丑雖得庚生。而無中字會局。故比段不如。然亦在壬運點翰。甲運放主考。辛運當參事。未運被戌刑。爲官殺混被逮。午運沖子亦凶。己運被甲克己運被寅刑。皆與段差。故午運內即病故。身後蕭條。

己巳　壬申
甲戌　辛未
壬寅十歲　庚午
庚子　己巳
戊辰

中上格
癸卯　蔡漢卿中將　身弱變旺。喜行金水。而下運無之。只有火運作財。是爲命好運不好。且己

壬午　甲辰

壬寅　乙巳　運爲貴。又被寅刑。故辛亥雖反正立功。甲寅。
壬寅四歲欠　丙午　被逮入獄。皆在已運。餘平平。
庚戌　丁未
戊申
己丑　壬申　胡宗銓　身旺取已爲正官。寅中獨財爲用
癸酉　辛未　午運會寅。爲陸部副官。頗得大意。將來巳火
壬辰二歲　庚午　貴人會金局。主得奇遇。以丑酉拱巳貴故也。
壬寅　己巳
戊辰
丁卯
丙午　于秉良侍從武官　壬水身弱。喜金水運幫
丁丑　乙巳　助。故辰運入武職。至壬運升侍從寅運會午

丁未　甲辰　爲財局。因此致富。丑運欠佳。以官殺混也。

壬午借一　癸卯

甲辰　壬寅

辛丑

第三節　壬命下等格局

中上格

戊子　甲子　魏震生　冬令水冷金寒。喜得戊癸化火。與寅中丙火爲生機。爲身旺財旺。下行火運。即大發。後果入丙運爲鄂督住京代表。發財數十萬。

癸亥　乙丑

壬寅七欠　丙寅

辛丑　丁卯

戊辰

己巳

壬戌　彭邱生女命　女命與前相似。年近八旬。兼

戊申　癸亥　壬子借一　庚戌

辛酉　庚申　己未　戊午　丁巳　丙辰　乙卯

得誥封。亦爲身旺財殺俱旺。而無雜氣者之吉徵。

第三節　壬命下等格局

癸未　庚申　壬辰三歲　辛亥

己未　戊午　丁巳　丙辰　乙卯　甲寅

周福生　水冷金寒。喜丙丁。專取未官一重丁火爲用。下行火運即發福。但未辰爲官殺相混。雖是金白水清。聰明過人。而於名利則遜也。

壬申
癸卯
壬子十歲
甲辰

甲辰　王茨楚科員　二月壬水雖弱。得水局與年
乙巳　月上癸水帮助變強。但卯貴被刑。刼財太重。
丙午　柱又缺火。故名利皆小。然下行火運亦多小
丁未　差。惟四十五歲逢丙辰年。交末運。官殺爭權。
戊申　遂暴病死於八月。以命理看身弱變強本不
己酉　致死。然因在軍法處。掌刑太久。或少培植。古
云皋陶之後不昌。以其爲刑官也。信然。

第十三章　北方水電亥命三等九級格局

第一節　癸命上等格局

上中格
丁巳　胡景伊將軍造。三月癸水身弱。財殺甚重。
戊寅　戊午　戊爲正官透出。故主謀署正當。又得印局生
丙辰　己未　扶。故權印甚重。然仍宜行金運。生扶故庚申

癸酉 四歲欠 庚申 十年。由廣西統領回川任督軍。以至將軍。

丁巳 辛酉

壬戌

上下格

甲戌 張朋三 癸水冬生得旺令。又得亥水帝旺。

己卯 癸酉 巳丑印生年上已殺蓋頭。性情好殺。時上丁

乙亥 壬申 火生出變化。故運雖無火。行申辛十年。亦富

癸丑 六歲 辛未 貴雙收。惟至未運會卯亥泄氣。又冲身宮丑

丁巳 庚午 支。冲坏印局。又得七殺自冲。故死于癸亥年

己巳 四月。內然又善終於任內者。以未合卯貴會

木局。冲己丑印局也。

上中格

丙戌 陳廷傑省長 身旺殺旺。又坐巳貴得丁巳

乙亥 乙酉 陽光化育。即是天機。惟亥未會局。已亥又冲

丁亥
癸巳 七歲欠
己未
甲申 將旺氣變爲傷食。首宜火運。次宜金水運。故
癸未 酉運鄉舉。後分發廣西。申運任川西道。尹癸
壬午 運任四川省長。未運稍次。然未中丁火化解
辛巳 亦平安。壬運合丁火。任蒙藏院副總裁。以後
午巳運尤佳。

上下格

甲子
壬申
癸卯 十歲
丁巳
壬申 龍保卿 癸命得申子助旺。己卯二貴爲財
癸酉 爻傷官。巳中戊土爲獨官。丁壬化木。又化出
甲戌 傷官。子嗣財爻皆旺。但子卯互刑。官貴不足
乙亥 僅得道尹。家本素封。交丁運化木泄氣而死
丙子
丁丑

乙巳 周道剛將軍 五月癸命身弱。幸得辰爲水

丁丑
丙午
癸亥五歲
丙辰

甲辰　庚有根。本命又坐亥水旺地。故不畏官殺相
癸卯　混。從卯運回川。辦武校起。蒸蒸日上。歲上壬
壬寅　運。在川被刺後。到京當諮議。丙辰年由師長
辛丑　當督軍。皆在寅運。不數月解職。以後金水運
庚子　亦吉。

第二節　癸命中等格局

庚午
丙戌
癸巳
甲寅

丁亥　王爾康　身旺財旺。而財局又見刑破。貴印
戊子　亦見刑克。癸水雖在冬旺令。然土克木泄。水
己丑　仍變弱。身不任財。亦主中平富貴。喜行金水
庚寅　運。故庚運在鄂當候補道。辛運在京任科員。
辛卯　後皆平平。
壬辰

甲午　黃白祥少將　身弱喜金水運生扶。而亥水
辛巳　癸巳　合木、又被巳沖、辛金合丙、又被巳克。幸早年
乙未　壬辰　金水運多、在壬運逢辛亥反正。得少將。其後
癸亥　辛卯　在京亦佳。惟卯運會木局洩氣。庚運亦吉。
丙辰　庚寅
己丑

壬戌　薛晉賢議員　癸命得金水旺氣、本吉、奈二
戊寅　癸亥　寅一甲。洩氣、水木運太多、戌爲水冷金寒、喜
辛酉　甲子　丙丁。宜以火爲用。取柱中戊癸化火、寅中丙
癸丑　乙丑　火爲用。四十二歲丙寅運甚吉。惟丙辛化水。
甲寅　丙寅　美中不足。至寅丁二運尤佳。
丁卯

癸未　乙卯　癸酉　壬子

甲寅　癸丑　壬子　辛亥　庚戌　己酉

黃汝鑑議員　癸水春生。未中獨財會局。木旺身弱。喜金水生扶。下行子亥辛庚運皆佳。

第三節　癸命下等格局

辛酉　己亥　癸未　壬子

戊戌　丁酉　丙申　乙未　甲午

李新齋　癸水身旺。又被壬子刦財。雖有獨殺獨財。不能自主。所管糧局軍餉。月支數千萬。而于私儲仍少。

丙申
庚子
癸巳
壬癸

癸巳
庚子　李芬果　癸水冬旺。又被壬刦。獨取丙火爲
辛丑　用寅運會戌成火局。本吉。惟刑巳冲申。財官
壬寅　反忌。交三十一歲癸卯運。癸爲本身。卯爲貴
癸卯　人。合戌火爲財。爲一生精華。至巳運亦吉。
甲辰
乙巳

丙子
辛卯
癸未
己未

庚寅　陳增鰲　二月癸水已弱。又被己未三殺克
己丑　制。卯未木局洩氣。如無刦印。即主夭壽。幸得
戊辰　辛金爲印。合丙化水助之。而子水又助之。故
丁亥　爲弱中變旺。財官殺印俱全之格。惜卯爲長
丙戌　生貴人。子爲日祿。皆被刑破。故爲下級軍人。

乙酉　當巡官十餘年。不升者即此。現行丙爲財。稍可戌運官殺相混欠利。

下中格

丙戌
戊戌
癸亥　三歲欠
壬戌

己亥　曾仲成命　癸命坐亥水。生秋末水旺時。壬
庚子　又助之。可作身旺看。但三戌一戊。戌爲四官
辛丑　克身。官重身輕。無印生財奔波勞苦。出自草
壬寅　茅。無祖業可靠。自不待言。幸戊官相合。丙爲
癸卯　正財。再行比肩印綬運即發福。下行金水運
甲辰　甚吉。寅卯合戌爲財亦佳。餘平平。

下中格

癸巳
丙辰
癸酉　借一

乙卯　周鶴羣少將命　此命癸水春生。得己酉爲
甲寅　印局生身。年上癸水比助。月上辰爲正官。爲
癸丑　水庫。帮助。己卯二貴又夾拱。本是中上格。惜
壬子　卯酉一沖。身座與貴人沖壞。不免小疵。故癸

癸酉　　壬子　運內即得少將。惜剝喪太多。行至丑運。官殺

乙卯　　辛亥　相混即死。若能修德保身。亦可度過。可見積

　　　　己酉　德爲先也。

哲電命數學第二冊終　中華民國十三年五月出版

第一二冊定價大洋壹元五角

著作兼發行者 彭仕勛

印刷者 神工印刷局
宣武門外米市胡同二十九號
電話南局一千八百三十八號

代理發行 神工印刷局
宣武門外米市胡同二十九號
電話南局一千八百三十八號

分發行 北京各大書房

占筮類			
1	擲地金聲搜精秘訣	心一堂編	沈氏研易樓藏稀見易占秘鈔本
2	卜易拆字秘傳百日通	心一堂編	
3	易占陽宅六十四卦秘斷	心一堂編	火珠林占陽宅風水秘鈔本
星命類			
4	斗數宣微	【民國】王裁珊	民初最重要斗數著述之一；未刪改本
5	斗數觀測錄	【民國】王裁珊	失傳民初斗數重要著作
6	《地星會源》《斗數綱要》合刊	心一堂編	失傳的第三種飛星斗數
7	《斗數秘鈔》《紫微斗數之捷徑》合刊	心一堂編	珍稀「紫微斗數」舊鈔秘本
8	斗數演例	心一堂編	
9	紫微斗數全書（清初刻原本）	題【宋】陳希夷	斗數全書本來面目；有別於錯誤極多的坊本
10－12	鐵板神數（清刻足本）——附秘鈔密碼表	題【宋】邵雍	無錯漏原版秘鈔密碼表　首次公開！
13－15	蠢子數纏度	題【宋】邵雍	蠢子數連密碼表打破數百年秘傳　首次公開！
16－19	皇極數	題【宋】邵雍	清鈔孤本附起例及完整密碼表研究神數必讀！
20－21	邵夫子先天神數	題【宋】邵雍	附手鈔密碼表研究神數必讀！
22	八刻分經定數（密碼表）	題【宋】邵雍	皇極數另一版本；附手鈔密碼表
23	新命理探原	【民國】袁樹珊	子平命理必讀教科書！
24－25	袁氏命譜	【民國】袁樹珊	
26	韋氏命學講義	【民國】韋千里	民初二大命理家南袁北韋 北韋之命理經典
27	千里命稿	【民國】韋千里	
28	精選命理約言	【民國】韋千里	
29	滴天髓闡微——附李雨田命理初學捷徑	【民國】袁樹珊、李雨田	命理經典未刪改足本
30	段氏白話命學綱要	【民國】段方	民初命理經典最淺白易懂
31	命理用神精華	【民國】王心田	學命理者之寶鏡

編號	書名	作者	備註
32	命學探驪集	【民國】張巢雲	發前人所未發　稀見民初子平命理著作
33	澹園命談	【民國】高澹園	
34	算命一讀通——鴻福齊天	【民國】不空居士、覺先居士合纂	
35	子平玄理	【民國】施惕君	
36	星命風水秘傳百日通	心一堂編	
37	命理大四字金前定	題【晉】鬼谷子王詡	源自元代算命術
38	命理斷語義理源深	心一堂編	稀見清代批命斷語及活套
39-40	文武星案	【明】陸位	失傳四百年《張果星宗》姊妹篇　千多星盤命例　研究命學必備
相術類			
41	新相人學講義	【民國】楊叔和	失傳民初白話文相術書
42	手相學淺說	【民國】黃龍	民初中西結合手相學經典
43	大清相法	心一堂編	重現失傳經典相書
44	相法易知	心一堂編	
45	相法秘傳百日通	心一堂編	
堪輿類			
46	靈城精義箋	【清】沈竹礽	沈氏玄空遺珍　玄空風水必讀
47	地理辨正抉要	【清】沈竹礽	
48	《玄空古義四種通釋》《地理疑義答問》合刊	沈瓞民	
49	《沈氏玄空吹虀室雜存》《玄空捷訣》合刊	【民國】申聽禪	
50	漢鏡齋堪輿小識	【民國】查國珍、沈瓞民	失傳已久的無常派玄空經典
51	堪輿一覽	【清】孫竹田	
52	章仲山挨星秘訣（修定版）	【清】章仲山	章仲山無常派玄空珍秘　門內秘本首次公開
53	臨穴指南	【清】章仲山	沈竹礽等大師尋覓一生末得之珍本！
54	章仲山宅案附無常派玄空秘要	心一堂編	
55	地理辨正補	【清】朱小鶴	玄空六派蘇州派代表作
56	陽宅覺元氏新書	【清】元祝垚	簡易・有效・神驗之玄空陽宅法
57	地學鐵骨秘　附　吳師青藏命理大易數	【民國】吳師青	釋玄空廣東派地學之秘
58-61	四秘全書十二種（清刻原本）	【清】尹一勺	玄空湘楚派經典本來面目　有別於錯誤極多的坊本

62	地理辨正補註 附 元空秘旨 天元五歌 玄空精髓 心法秘訣等數種合刊	【民國】胡仲言	貫通易理、巒頭、三元、三合、天星、中醫
63	地理辨正自解	【清】李思白	公開玄空家「分率尺、工部尺、量天尺」之秘
64	許氏地理辨正釋義	【民國】許錦灝	民國易學名家黃元炳力薦
65	地理辨正天玉經內傳要訣圖解	【清】程懷榮	秘訣一語道破，圖文并茂
66	謝氏地理書	【民國】謝復	玄空體用兼備、深入淺出
67	論山水元運易理斷驗、三元氣運說附紫白訣等五種合刊	【宋】吳景鸞等	失傳古本《玄空秘旨》《紫白訣》
68	星卦奧義圖訣	【清】施安仁	
69	三元地學秘傳	【清】何文源	
70	三元玄空挨星四十八局圖說	心一堂編	三元玄空門內秘笈 清鈔孤本 過去均為必須守秘不能公開秘密 與今天流行飛星法不同
71	三元挨星秘訣仙傳	心一堂編	
72	三元地理正傳	心一堂編	
73	三元天心正運	心一堂編	
74	元空紫白陽宅秘旨	心一堂編	
75	玄空挨星秘圖 附 堪輿指迷	心一堂編	
76	姚氏地理辨正圖說 附 地理九星并挨星真訣全圖 秘傳河圖精義等數種合刊	【清】姚文田等	蓮池心法 玄空六法 門內秘鈔本首次公開
77	元空法鑑批點本——附 法鑑口授訣要、秘傳玄空三鑑奧義匯鈔 合刊	【清】曾懷玉等	
78	元空法鑑心法	【清】曾懷玉等	
79	曾懷玉增批蔣徒傳天玉經補註【新修訂版原（彩）色本】	【清】項木林、曾懷玉	
80	地理學新義	【民國】俞仁宇撰	揭開連城派風水之秘
81	地理辨正揭隱（足本） 附連城派秘鈔口訣	【民國】王邈達	
82	趙連城傳地理秘訣附雪庵和尚字字金	【明】趙連城	
83	趙連城秘傳楊公地理真訣	【明】趙連城	
84	地理法門全書	仗溪子、芝罘子	巒頭風水，內容簡核、深入淺出
85	地理方外別傳	【清】熙齋上人	巒頭形勢、「望氣」「鑑神」
86	地理輯要	【清】余鵬	集地理經典之精要
87	地理秘珍	【清】錫九氏	巒頭、三合天星，圖文並茂
88	《羅經舉要》附《附三合天機秘訣》	【清】賈長吉	清鈔孤本羅經、三合訣法圖解
89-90	嚴陵張九儀增釋地理琢玉斧巒	【清】張九儀	清初三合風水名家張九儀經典清刻原本！